关系型虚拟社区的结构及商业价值研究

付丽丽　著

電子工業出版社
Publishing House of Electronics Industry
北京・BEIJING

内 容 简 介

本书基于对关系型虚拟社区的分析和对相关研究文献的总结，首次把关系型虚拟社区按特征划分为基于虚拟关系的关系型虚拟社区和基于现实关系的关系型虚拟社区两种类型，利用交叉学科的研究理论和方法分析了网站数据，对关系型虚拟社区的用户参与机制、网络结构、个人空间价值及社区商业价值评测等方面进行了系统的分析，并构建了个人空间商业价值评测模型及社区商业价值动态评价模型，描述了网络社区商业价值实现路径。

本书在一定程度上丰富了关系型虚拟社区的理论研究，为该类社区的发展提供了理论依据，可供电子商务、经济学、互联网相关专业的高校本科生、研究生，以及相关领域的研究者和互联网经济相关的从业人员阅读参考。

图书在版编目（CIP）数据

关系型虚拟社区的结构及商业价值研究/付丽丽著. —北京：电子工业出版社，2013.6

ISBN 978-7-121-20496-8

Ⅰ. ①关… Ⅱ. ①付… Ⅲ. ①心理交往－网络服务－研究 Ⅳ. ①C912.1-39

中国版本图书馆 CIP 数据核字（2013）第 109142 号

特约编辑：赵树刚
责任编辑：赵　娜
印　　刷：北京天来印务有限公司印刷
装　　订：北京天来印务有限公司印刷
出版发行：电子工业出版社
　　　　　北京市海淀区万寿路 173 信箱　邮编 100036
开　　本：720×1000　1/16　印张：11.75　字数：226 千字
印　　次：2013 年 6 月第 1 次印刷
定　　价：39.80 元

凡所购买电子工业出版社图书有缺损问题，请向购买书店调换。若书店售缺，请与本社发行部联系，联系及邮购电话：（010）88254888。

质量投诉请发邮件至 zlts@phei.com.cn，盗版侵权举报请发邮件至 dbqq@phei.com.cn。

服务热线：（010）88258888。

Preface

前言

随着信息技术的快速发展，互联网开始跨入虚拟社区时代。近几年，以沟通和维持人际关系为主要目的，允许用户在网站上建立个人空间，以存放个人信息、资料、日志、好友的链接等内容的关系型虚拟社区超越其他类型的虚拟社区（如博客、BBS 等）成为互联网进入 Web 2.0 阶段后最重要、最具前景的发展模式，并极有可能代表互联网未来的发展方向。然而，与其强劲发展势头形成巨大反差的是：关系型虚拟社区没有形成清晰的商业模式和盈利模式；社区拥有的用户群基础并没有给社区网站带来盈利，远远没有实现商业化；理论界对于关系型虚拟社区的商业模式及商业化的问题很少关注，无法为社区网站的经营者提供理论借鉴。

本书共分为 7 章，主要研究内容包括基于现实关系和基于虚拟关系两种类型的关系型虚拟社区的用户参与机制、网络结构、个人空间商业价值、虚拟社区商业价值模型及其差异性、虚拟社区商业价值实现路径等。本研究为关系型虚拟社区的理论研究与应用提供了一系列新的思路和具体方法。

一、从技术、社会心理学、传播学的角度出发，构建了基于现实关系和基于虚拟关系两种不同类型的关系型虚拟社区的用户参与机制模型。

基于 WKC 成功模型及虚拟社区参与行为的社会影响力模型，在构建了关系型虚拟社区的用户参与机制模型后，通过调查问卷得到的数据，使用结构方程方法，验证了两种不同类型社区的用户参与机制模型的科学性，还总结出了两种不同类型社区其用户参与动机的差异性及对网站信息系统的要求。

二、总结出关系型虚拟社区的网络结构特征：扁平化、去中心化。

本书使用滚雪球抽样法得到的用户“好友”数据，利用社会网络分析方法，分析了密度、点度中心性、中间中心性、接近中心性等关系型虚拟社区的网络结构。验证了基于现实关系的网络社区结构比基于虚拟关系的网络社区更为紧密的观点。

三、提炼出关系型虚拟社区的商业模式，构建了关系型虚拟社区的价值实现路径。

本研究提炼出了关系型虚拟社区的商业模式，详细总结了商业模式的三个主要构成要素（商品和服务模式、参与者模式、盈利模式）及其相互之间的作用机理，构建了关系型虚拟社区的价值实现路径，并描述了该路径中的注意力流、资金流、信息流、商品和服务流在社区用户、社区平台和第三方之间的流转关系。

四、构建了两种类型的虚拟社区用户个人空间的价值评估模型和关系型虚拟社区的商业价值动态模型。

通过使用因子分析方法，分析了关系型虚拟社区两种类型网站的用户数据样本，提炼出影响个人空间商业价值的四个因子，进而构建了两种不同类型的个人空间商业价值评估模型。接着，本书利用顾客价值法和现金流折现法推导出整个关系型虚拟社区的商业价值模型。为该种类型的虚拟社区的经营者评估具有商业价值的个人空间奠定了理论基础；为投资者、社区网站经营者正确认识并实现社区的商业价值提供了理论上的参考依据。

本书适用于知识经济时代的互联网领域特别是虚拟社区的研究和应用人员，也可作为相关领域研究生及本科生的参考书。

本书在写作过程中，得到了我的恩师吕本富教授的悉心指导，得到了我的父母、爱人、女儿的支持与鼓励，感谢他们的付出。

本书的出版，获得北京市教育委员会社科计划面上项目（SM201311417008）及北京市哲学社会科学规划项目（11JGB039）的资助，在此表示感谢。

由于作者水平有限，书中难免有所疏漏，敬请读者批评指正。

付丽丽

2013年4月

目　　录

第 1 章 引言

1.1 研究背景及意义

N. Negropont（1996） 认为，互联网络用户构成的虚拟社区将成为日常生活的主流，其人口结构将越来越接近世界本身的人口结构，网络真正的价值正越来越和信息无关，而和社区相关。他认为人类的未来世界具有双重性，即未来有两个世界：物理世界和信息世界。未来世界有两种基本元素：原子和比特。原子是人们赖以生存的现实的物理世界的存在形式，而比特则是虚拟的信息世界的存在形式。虽然比特世界不能代替物理世界，但它却能使物理世界的存在形式发生质的转变。因此，随着信息技术的快速发展，虚拟社区正以其独有的产生和构成方式改变着人们的生活，互联网开始跨入虚拟社区时代。近几年，以沟通和维持人际关系为主要目的，允许用户在网站上建立个人空间，以存放个人信息、资料、日志、好友的链接等内容的关系型虚拟社区超越其他类型的虚拟社区（如博客、BBS 等）成为互联网进入 Web 2.0 阶段以后最重要、最具前景的发展模式，并极有可能代表互联网未来的发展方向。

自从 2010 年美国排名第一的关系型虚拟社区 Facebook 首度超越 Google 成为全美流量排名第一的网站之后，Facebook 在网站流量上经常与 Google 争夺世界第一的宝座，并被认为是继微软、Google 之后最有发展潜力、最具商业价值、最具竞争力的互联网商业模式。关系型虚拟社区不管在网络世界还是现实世界都极大地影响了人们的生活。奥巴马被称为“互联网总统”，就是因为他是第一位利用互联网特别是关系型虚拟社区成功当选的美国总统。据记载，截至 2008 年 10 月 15 日，他成功募集到 6.4 亿美金竞选费用，其中 87% 是通过网络募捐而来的，他在 MySpace 网站有超过 100 万的朋友，在 Facebook 的官方主页有 300 万支持者（http://info.broadcast.hc360.com/2009/01/160937123626.shtml）。关系型虚拟社区成为其进行网上宣传和竞选筹款的主要渠道。

国外的 MySpace、Facebook 等关系型虚拟社区吸引了数以千万计的用户，巨大的用户基础和访问量为它们的经营者带来了大笔风险投资、融资或者被有实力的公司收购。2006 年，新闻集团以 5 亿 8 千万美元收购 MySpace 网站。2007 年，微软对 Facebook 网站估价 150 亿美元，并以 2.4 亿美元收购其 1.6% 的股份；2012 年，Facebook 在 IPO（首次公开招股）申请文件中披露，该公司月活跃用户数量为 8.45 亿，据国外媒体报道，彭博社对 Facebook 的估值是 1028 亿美元。国内，软银以 4 亿美金投资千橡校内网，更是掀起了关系型虚拟社区的成立高潮，就连以搜索引擎著称的百度都建立了百度空间、百度贴吧等虚拟社区，百度公司 CEO 李彦宏认为：“百度知道、贴吧以及百科的上线将使搜索引擎步入以社区化为特征的时代。”

关系型虚拟社区已经成为互联网用户之间互动沟通的重要交流平台。社区网站为每个用户提供个人空间作为其在互联网上的“家”。在这里，用户可以自由进行个性化的思想表达，能够把线下的人际关系网移植到线上，不受时间和空间限制地与朋友交流，建立、维持和发展新的人际关系。关系型虚拟社区的这些特点吸引着数以亿计的互联网用户深陷其中，从而形成了具有相当规模购买力的消费群体。该类社区网站拥有网民大量的个人数据和信息，包括成员注册的私人信息和在社区中公开交流的信息。如果能对这些数据和信息进行科学的分析，将有助于网络社区的经营者和厂商准确了解社区成员的消费心理、行为和价值取向，识别他们的消费需求。因此，关系型虚拟社区又是社会和商业信息传播平台，通过社区用户的关系网络、口碑效应，大大减少了消费者的信息搜索成本，提高营销传播的效率。

与关系型虚拟社区庞大的用户群所形成的潜在商业价值和获得的高额风险投资形成巨大反差的是：该种类型的社区至今没有比较清晰的商业模式，大多数网络社区网站都是亏本经营，根本没有实现盈利；一个个新的社区网站建立起来，网站之间对用户的争夺异常激烈，在这样的环境下，社区网站用户之间关系的紧密程度和成员的地位如何？对评估社区个人空间及整个社区的商业价值究竟起到什么作用？

基于这一现实背景，本书首先深入分析关系型虚拟社区用户的参与机制，探寻用户参与社区的动机；接着对用户在社区内形成的网络结构进行探讨；然后重点分析关系型社区的商业价值，主要研究关系型虚拟社区的价值来源、价值基础、商业模式，特别是收入构成、商业价值实现路径，在此基础上，建立关系型虚拟社区的个人空间商业价值及整个关系型虚拟社区的商业价值评估模型。本书为关系型虚拟社区的理论研究提供了必要的、基础的内容，同时也是指导实践最直接的基础和依据。因此，作者以上述关系型虚拟社区发展的现实情况作为本研究的选题背景和依据，并作为本研究的立足点和出发点。

鉴于当前不断增长的关系型虚拟社区的用户数量和网站数量，该种类型的网站不仅受到各大投资机构的青睐，也吸引了学术界人士纷纷对其进行研究。本书的研究无疑在理论价值和实践指导两个方面具有比较重要的意义。

首先，从理论价值方面来看，本书探讨的关系型虚拟社区的商业价值属于前沿交叉学科问题，其研究工作和结论丰富了网络经济学、传播学、营销学、信息计量学、社会心理学、社会网络学等众多学科的研究内容。从当前的研究现状看，对关系型虚拟社区的研究并没有形成体系，研究内容比较零散。主要涉及关系型虚拟社区的网站介绍、概念确定；对虚拟社区用户本身人口统计特征方面的研究，比如虚拟用户种族研究、虚拟用户宗教信仰研究、虚拟用户性别研究；对虚拟社区用户隐私安全方面的研究；信息世界与现实世界人际关系网络相互连接的研究；虚拟社区用户行为的研究；对虚拟社区用户的友谊表现和印象管理方面的研究。这些研究内容无疑是和现实需要相互脱节的，因为它们没有解决关系型虚拟社区的经营者迫切希望解决的问题。本研究立足于现实问题，对关系型虚拟社区进一步细化，根据关系的类型，把它划分为两种类型：基于虚拟关系的关系型虚拟社区与基于现实关系的关系型虚拟社区。作者通过研究关系型虚拟社区用户的参与机制、社区用户形成的网络结构，以及关系型虚拟社区的商业模式、价值实现问题、个人空间商业价值和社区商业价值来评估模型。

从当前的研究方法来看，关系型虚拟社区的研究多集中于定性研究，定量研究方法运用的比较少。本书将使用统计分析方法、结构方程模型、社会网络分析方法对关系型虚拟社区进行研究，从而为该领域的研究提供新方法补充新思路。

其次，从实践上看，本研究能够为社区经营者吸引用户提供一定的理论依据；为社区的经营者把潜在的用户价值转变为商业价值提供理论支持；为社区的各相关方的利益实现及分配提供基础。我国广大涉及关系型社区商业模式的互联网企业，其与国外企业的竞争、自身的发展都需要理论的支持，本研究在某种程度上可以为互联网企业的经营策略及投资价值提供一定的现实指导意义，并为其他互联网商业模式提供理论借鉴；对政府相关职能管理部门来说，本研究成果可以在一定程度上为其如何促进网络经济的发展和构建和谐社会提供参考借鉴。

因此，本书无论是对网络经济理论研究本身，还是对我国互联网行业的发展实践，都是有一定价值的，因此具有较强的理论和现实意义。

1.2 基本概念

1.2.1 社区的含义

人类社会的发展，从原始的部落、农村社会的群聚形态到工业革命后的都市化发展，都充分体现了利用人际关系及互动产生的利益，以及对群体生活越来越强的依赖性。人类是社会性的动物，为了满足自我保护、生存发展和娱乐等的需要，必然会建立群体。

德国的系统社会学家滕尼斯首次使用并解释了"社区"概念，他从人的意愿、情感和人际关系的角度来考察社区。他认为社区是指那些有着相同价值取向、人口同质性较强的社会共同体。社区是由自然意愿结合而成的，建立在人们直接的联系、习惯、传统和宗教之上，人们之间有着亲密的、面对面的接触，能够强烈地感受到彼此之间的团结并受传统习俗的约束。血缘、邻里和朋友的关系是社区的主要纽带。

齐美尔的社会互动理论及其从社会心理学的角度对于都市社区的研究把学界关于社区的理论研究朝前推进了一步。他认为社区是社会和社会制度的最小单位。关于社区的其他定义见表 1.1。

表 1.1　社区的定义

时　间	学　者	社区定义
1921 年	Park	社区是社会团体中个人及其社会制度的地理分布，每个社区都是一个社会，但每一个社会并非是一个社区
1928 年	Maclver	社区指人们共同生活的区域，村镇、县市、国家都可以称为社区。无论何地，只要人们聚居在一起就会发展形成若干共同的特征，如礼节、传统、语言等，成为有效的共同生活的准则或结果
1939 年	Sanderson	社区是地方居民与社会制度之间的结合形态并在村镇中有一个共同活动的中心
1949 年	Davis	社区是最小的人群的地域单位，它包括人类生活的各个方面，这一地方团体包括各种主要的社会制度、社会职位和社会利益，而且成为一个完整的社会
1950 年	Hawley	社区指关系的结构，经由这种结构，一特定地方的人口便能使以其日常生活的必需品得以借给。居民互相关联，参加日常集体活动是社区的特质
1952 年	Stroup	一个社区一般可以被认为是其中相当多数的人们具有共同的意识，居住于共同的地区，享受若干政治上的自治，在复杂有变动的社会机构中共同致力于基本生活
1953 年	Poston	社区乃是有共同关系与功能的一个邻里单位，该地区居民具有各种不同的兴趣与互动的设施，其中的人们都拥有个别的相知，更能为本地区的名誉而努力，它可能是一个小的乡村，也可能是大都市中的一个区域
1955 年	Brunner, Hallenbeck	社区是指人们共同居住的区域相互之间有互动的行为，并由互动行为引起地方观念，于是群策群力建立机构、改善生活环境。社区生活的动力即在于自身发展其需要而求其解决之道
1989 年	Heller	社区就是将人们聚合在一起的交互关系或社会纽带
1994 年	Shore	社区指一定地域内人们相互交流与共享的设施，他们彼此相互依赖与认同
2001 年	Rothaermel, Sugiyama	社区可以看成个体有相互义务的一个群体，或看成为了一个目的而在一起的群体

*来源：方琬丽（2003）、孙居好（2005）

1.2.2 虚拟社区的含义

虚拟社区以某种形式或者其他形式存在了大约 30 年的时间（Ridings，Gefen 和 Arinze，2002）。虚拟社区是一个多学科概念，对它很难定义，因此根据其学科来源不同产生了多种定义（Preece，2000）。不同学科的学者对虚拟社区的定义如表 1.2。

表 1.2 虚拟社区的不同定义

时 间	学 者	虚拟社区定义
1993 年	Howard Rheingold	虚拟社区是在网络中产生的社会群体，在这个群体中有很多人参加公共讨论，并且持续足够长时间，能够形成人气，最终形成虚拟空间内的个人的交互关系
1993 年	Oldenburg	网络中的虚拟社区是一个公开的虚拟场合，以供社会大众在这个环境中客观地表达自我的情感及其思想
1994 年	Rheingold	虚拟社区是一个在网络中产生的社会团体，团体中有足够的人进行讨论，存在能够建立私人关系的足够的“人气”
1994 年	Anne	虚拟社区是一个任意大小的社会型团体，这个团体有共同的兴趣，这些兴趣可以是社交上的、专业上的、职业上的或者宗教上的，这个团体存在于网络上，通过电子的方式在一起讨论从某个学术研究到日常生活等的特定议题
1995 年	Fernback & Thompson	将虚拟社区的特性描述为在网络空间中形成的社会关系，这种社会关系是通过在某一个特定范围内持续的相互联系而形成的
1995 年	Reid	虚拟社区是一个虚拟的空间，在这种环境下的人们，通常运用彼此的想象力和创造力相互交流互动，而这个互动过程具有文化传播的功能
1996 年	Armstrong & Hagel	虚拟社区建构在网络上，经由社区成员针对一个或者几个特定的主题持续经营，使社区不断成长
1997 年	Wilbur	虚拟社区是与未见过的其他人共享交流空间的场所
1997 年	Jones	要成为一个虚拟社区，必须具备交互关系、交流主体、持续的成员关系、虚拟空间
1997 年	Robert	虚拟社区是由具有相同想法的一群人在网络上聚集而成的群体，能以相对于现实世界更快的速度来经营成长
1997 年	Romm，Pliskin & Clarke	虚拟社区可以被定义为通过电子媒介（比如互联网）进行交流的人群，他们具有共同的兴趣爱好，并且地理的、实体的相互交流方式或者种族都不会对该类社区的成长产生任何限制
1998 年	Barnatt	

续表

时　间	学　者	虚拟社区定义
1998 年	Komito	虚拟社区通常是经由线上群组成员分享某行为或者某主题，试图找到一个群体，使群体内部的成员能够共存以及彼此之间更加接近，群体中的所有成员彼此分享社交互动、社交联系及共同的空间
1998 年	Adler，Christopher	一个允许具有共同兴趣的人通过网络空间来彼此交流、沟通及其分析信息的空间
1999 年	Kannan，Chang，Whinston	虚拟社区通常是形容多种形式的电脑媒介通信，特别是指在群体间的一种长期的、以文件媒介为主的沟通方式
1999 年	Chang et al	虚拟社区由一群因相同兴趣或情感的网络使用者在讨论区参与讨论或者在聊天室与他人聊天，通过相互交换信息而产生的人际关系形态
2000 年	Wellman	虚拟社区是一种以电脑维持的社会网络，同时可以为成员提供友谊、社会支持、信息及归属感
2000 年	Preece	虚拟社区可以看成一种以网络为沟通媒介的知识社区类型
2001 年	Balasubramanian & Mahajan	将虚拟社区定义为带有以下特征的实体：①人群的集合；②理性的成员；③没有地理限制的网络交互空间；④社会交流过程；⑤有共同目标、特性/身份或者兴趣的成员
2001 年	Rothaermel & Sugiyima	虚拟社区是一个与 Tönnies（1967）描述的精神社区相似的概念，但是其形式是通过电子交流而不受空间和时间限制的
2002 年	Bagozzi & Dholakia	他们将虚拟社区定义为电子环境下的社会空间，它允许群体迅速形成并通过持续交流过程而维持
2002 年	Ridingsa，Gefenb，Arinzec	一群有共同的兴趣或者习惯的人，他们通过一个地点（虚拟的）或者某种机制定期交流并且持续一段时间
2002 年	Rheingold，Wellman & Gulia	不同规模的群体，他们为了达成个人的目的以及分享群体成员的目标而在网上碰头并相互影响
2004 年	Constance Elise Porter	个体或者商业伙伴围绕一个共同的兴趣相互交流而形成的群体，这种交流至少部分用科技支持或者以其作为媒介，并且接受某种协议或者规范的约束
2004 年	Koh & Kim	虚拟社区是一群有共同兴趣或目标的人，主要是通过在互联网空间进行知识或者信息分享的方式聚集而成的（Koh J.，2004）
2004 年	Jan Marco Leimeister & Helmut	虚拟社区是由在一个技术平台上进行社会性互动的成员组成。这个社区是基于共同的兴趣、共同的问题或者成员间共同的任务而建立起来的。技术平台为社区互动提供支持并帮助成员建立信任和共同感（Leimeister，2004）

续表

时　间	学　者	虚拟社区定义
2008 年	Hsiu-Fen Lin	虚拟社区是一个拥有各种各样的基于互联网聊天技术的虚拟空间，包括论坛（讨论或公告牌）等。它依靠成员间的社会互动来分享兴趣、建立关系、进行幻想（Hsiu-fen，2008）

*来源：根据文献孙居好（2005）修改、添加、整理

尽管学者们从各自的学科角度对虚拟社区进行了不同的定义，但是这些定义都有共同的要素：一群人、目的、互动和互联网环境。Gupta 和 Kim（2004）从学科的角度总结了虚拟社区的定义要素，如表 1.3 所示。

表 1.3　虚拟社区定义要素

角　度（要素）		虚拟社区定义要素									
		人	共享目的	政策	计算机系统	社会/经济交换	软件类型	作为效用最大化的成员	文化	凝结	规范的交互
跨学科	Whittaker, Issacs and O'Day（1997）	√	√	√	√	√	√		√	√	
跨学科	Preece（2000）	√	√	√	√	√			√		√
社会学	Etzioni and Etzioni（1999）	√	√	√	√				√	√	
社会学	Romm et al（1997）	√	√		√		√			√	
社会学	Ridings et al（2002）	√	√	√	√					√	√
技术	Lazar, Tsao and Preece（1999）						√				
商业	Hagel and Armstrong（1997）	√	√			√				√	√
经济	Balasubramanian and Mahajan（2001）	√	√		√	√		√			
电子商务	Preece（2000）					√					

*来源：Gupta 和 Kim（2004）

1.2.3　虚拟社区的分类

虚拟社区有多种多样的形式，如大型综合性虚拟社区、电子商务社区、主题单一的社区等。随着虚拟社区的数量及其用户数的不断增多，学者对虚拟社区的研究也逐渐增多。一些学者根据不同的分类标准对其进行了分类，但这几种分类方法部分地代表了不同学科的角度，比如技术、社会学以及心理学等（Lazar and Preece，1998）。

Armstrong and Hagel III（1996）根据用户对虚拟社区的不同需求将其分为四种不同类型。

（1）交易社区：该类社区主要能够使各类商品和劳务的交易更加便利，并传递与交易相关的信息。社区的经营者只需促使交易双方的人数达到关键多数即可。例如，运用电子化的分类广告或提供交易市场空间。

（2）兴趣社区：成员间对特定主题产生较交易社区更强的人际互动，包括创意分享、个性化需求表达、对话互动等。

（3）梦幻社区：支持成员在其中发挥想象、相互参与并创造新的环境、个性及虚构故事情节，因而形成小集团间的竞争。成员间的真实身份并不重要，核心在于彼此间的互动。

（4）关系社区：围绕某些生活经历而形成的能深入交流的一种人际关系，社区的成员为了维持相互之间的这种关系而在网络上聚集在一起并相互支持。

Aldler 和 Christopher（1998）根据虚拟社区成员的相似性将其分为三种类型。

（1）人口统计型社区：是由拥有特定背景的群体或某些身份的个人组成的，如学校在校生或毕业校友。

（2）专业型社区：由某些专门技术的人员组成的虚拟社区，如医学界人士、软件工程师等。

（3）个人兴趣型社区：由拥有共同的兴趣爱好而相互融合到一起的人们组成的虚拟社区，这群人通常以企图分享彼此思想的热忱而被吸引，从而聚集起来。

Lazar 和 Preece（1998）根据以下标准对虚拟社区进行分类。

（1）虚拟社区的属性特征（共享的目标或者兴趣、成员间分享的活动、共享资源的获得途径、成员间的支持、社会习俗或惯例、语言或条款和群体大小）。

（2）支撑虚拟社区的软件[listserv 邮件清单程序、新闻组、公告板、互联网多线交谈软件（IRC）、多用户角色扮演类交互式游戏（MUDs）或以上工具的组合]。

（3）人们相对于实体社区的关系（基于实体社区而建立的虚拟社区，如电子乡村；有某部分是基于实体社区而建立的虚拟社区，如基于爱好的社区包括运动、团队或收藏家；纯在线虚拟社区，其中的成员更喜欢匿名的身份，如角色扮演和提供支持）。

（4）社会学边界概念（特别是那些在一个公司内部网紧密连接的社会关系或在互联网社区松散连接的社会关系）。

Bressler（2000）根据人们参与虚拟社区活动的动机来进行分类。第一个动机是追求目的性，人们通过参与虚拟社区的活动试图达到相似的目标；第二个动机是追求实践性，人们分享专业知识、职业技能等；第三个动机是环境性动机，类似于实践性动机，但区别是人们更多的是由于立场、环境或者生活经历的相似而聚集在一起，而不仅仅是出于职业动机；最后一种动机是寻求兴趣相似者的动机，或者也称为兴趣型社区。

Steinmueller（1995）基于虚拟社区经营者的特点把虚拟社区分成三类。

（1）知名社区：通常由互联网公司或者信息服务与资源的提供商建立起来的。虽然它们会为了吸引订阅者而宣传这些活动，但这些网站的经营者不专注于集体财产的生产，并且成员间的互动也并非其主要关注点。

（2）基于密切关系的社区：通常是由具有相似意向或目的的个人建立的，它们的主要目的是志愿协会。“基于密切关系”这个词指的是有如环境的、政治的、计算机或赌博方面共同兴趣的人们。维护社区的费用可以通过广告收入或订阅费来弥补。

（3）基于特定目的的社区：主要目的是创建公共的或者俱乐部商品，社区的活动有共同目的，即社区存在的理由，也就是其产生有形的或者是无形的东西。这种类型的社区主要由政府、高校和基金会提供资金或者由经营者自筹资金。

Porter（2004）的分类包括两个层次。第一个层次包括成员发起的虚拟社区和组织赞助的虚拟社区，成员发起的虚拟社区是由成员建立并由成员管理的社区，组织赞助的虚拟社区是由商业或非商业组织（如政府）赞助的虚拟社区。第二个层次是按照一般的关系导向来划分的，关系导向是指社区成员间培养的关系的类型。由成员发起的社区其成员间培养的关系分为社会的和专业的，由组织赞助的社区成员间培养的关系分为商业的、非营利的、政府的，如图 1.1 所示。

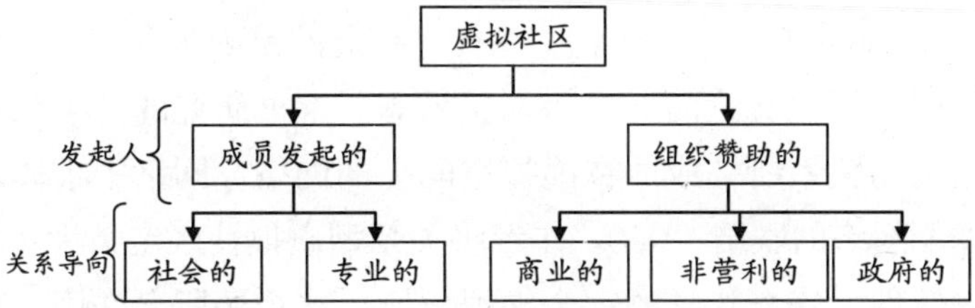

图 1.1　Porter（2004）对虚拟社区的分类

社会化网络网站（俗称社交网站）是互联网虚拟社区的一种特殊形式，它为互联网用户提供互动、相互了解、创造内容的机会（Stephens, M ，2007）。Danah M. Boyd（2008）为社会化网络网站下了一个比较完整的定义："作者把社会化网络网站定义为基于网络的服务，它允许个人：①在一个限定系统内搭建一个公开或者半公开的个人空间；②清晰地显示他们要进行共享的其他用户名单；③在系统内通过链接浏览其他链接。社会化网络网站的独特之处不仅仅在于它允许用户认识陌生人，而且在于其能够使用户清晰地显示自己的社会化网络。目前，绝大多数的社会化网络网站支持用户对自己先前已经存在的社会网络的维护，还有一部分网站则是帮助陌生人在共同的兴趣、政治观点或者活动等基础上建立联系。社会化网络网站的核心是"关系、关系网"，它的实质是一种基于关系的虚拟社区。

1.2.4 关系型虚拟社区的概念界定及分类

前两个小节分别总结了虚拟社区的定义、核心要素以及分类，作者发现正是由于虚拟社区是一个可以从不同角度来研究的具有交叉学科特点的比较宽泛的问题，学者们对于其概念本身的理解和认识也有所差别，研究的侧重点也不同。

在本研究中，作者认为虚拟社区的交流形式主要有两种：多对多和一对多；成员之间关系的来源又分为基于现实关系和基于虚拟关系；成员身份又分为真实身份与匿名身份。本书希望重点研究的是一个特定领域，因此以 Lazar 和 Preece（1998）对虚拟社区分类的第三种类型“人们相对于实体社区的关系”以及社会化网络网站的定义为参考，把虚拟社区限定在一对多的基于关系的社区——关系型虚拟社区。关系是在某个群体中，成员间某种形态的联结的集合（Wasserman & Faust，1994）。例如，彼此间是因为参加某种活动而产生合作关系，因为情感交流而形成朋友关系等。本书研究的是关系型虚拟社区是由结点之间的关系所构成的在虚拟空间上的网络，网络中个体之间的交往互动就形成了网络的联结（tie）。作者将关系型虚拟社区定义为在互联网上以社会化网络软件为媒介建立的一个虚拟场所，这个场所允许用户建立个人空间，以此空间作为个人维持和发展人际关系的平台，并使用户个人的社会网络在此虚拟社区中显现出来。

作者根据成员之间关系的来源类型，把关系型虚拟社区分为基于现实关系的关系型虚拟社区和基于虚拟关系的关系型虚拟社区。前者是指用户在建立虚拟关系之前在现实世界中已经以血缘、地缘、业缘等为依托建立起了现实关系（比如同学、同事、亲友关系等都属于现实关系），而互联网则充当了这些彼此相识的人们交往的媒介，是现实生活中的人际关系在网络上的映射，此时双方仍然遵循着现实社会的交往规则。后者是指人们在现实世界中根本互不相识，是基于兴趣、爱好、相似的背景、分享情感经验和信息等原因在互联网的虚拟世界里建立起来的人际关系，互联网的虚拟性和用户身份的匿名性使这种人际关系呈现出虚拟性、随意性、自由性等特点，人们的交往受现实社会交往规则的约束较少。

1.2.5 商业价值

商业价值是一个非正式的概念，无论是在学术界还是管理专业人士间都没有在概念界定、有效决策制定的作用方面达成共识。然而该术语却被各界人士广泛使用。

从管理角度，商业价值被认为是包括一切决定公司能够长期健康运行的价值形式。商业价值的概念扩展了公司经济价值（也称为经济利润、经济增加值和股东价值）的范畴，还包括其他形式的价值，如员工的价值，顾客价值，供应商的价值，渠道合作伙伴的价值，联盟合作伙伴价值，管理价值和社会价值，在这些价值形式中，大部分无法用货币的形式直接衡量。商业价值经常包括那些不一定归因于任何利益相关者群体的无形资产（http://en.wikipedia.org/wiki/Business_Value）。

Sunil，Donald & Jennifer（2004）指出，在一定程度上，顾客基数形成了公司总体价值的绝大部分，并是公司价值的一个有用的考量。Kim、Mahajan、Srivastava（1995）通过预测顾客数量和来自每个顾客的收入来评估蜂窝通信企业的市场价值。目前，电信行业流行的 ARPU 值就是用顾客的价值来衡量电信运营商业务收入利润的常用方法。

Web 2.0 是互联网的一次理念和思想体系的升级换代，由原来的自上而下的由少数资源控制者集中控制主导的互联网体系转变为自下而上的由广大用户集体智慧和力量主导的互联网体系。关系型虚拟社区正是充分体现了这一特点，社区用户是社区的主导者，是社区价值的创造者，因此，本书把关系型虚拟社区的商业价值界定在用户形成的价值，而不是对网站市场交易价格的确定，通过对用户形成的价值进行研究，可以预测社区的发展潜力和发展方向，并作为网站估值的基础。

1.3 本书的研究内容及方法

1.3.1 研究内容

本书主要研究内容包括两种类型的关系型虚拟社区（基于现实关系的关

系型虚拟社区和基于虚拟关系的关系型虚拟社区）的用户参与机制、网络结构、个人空间商业价值、虚拟社区商业价值模型及其差异性、虚拟社区商业价值实现路径等。本书为关系型虚拟社区的理论研究与应用开辟了一系列新的思路和具体方法。

本书共分为七个章节，主要内容如下。

第 1 章：首先分析了研究背景及研究意义，即本书的研究对互联网行业关系型虚拟社区的发展有着积极的理论及实践指导意义，然后对本书涉及的相关概念进行了详细阐述，最后给出了技术路径及研究方法。

第 2 章：对理论基础进行梳理。先概述了虚拟社区的相关研究状况，接着梳理了关系型虚拟社区的几个研究方向，然后详细述评了关系型虚拟社区参与动机、社会网络分析、虚拟社区的价值评估等三个方面的文献及研究进展。

第 3 章：构建了基于现实关系和虚拟关系两种类型的关系型虚拟社区的用户参与模型。本章从多学科视角，从信息系统质量、价值感知、社会影响力三个方面建立了整合的关系型虚拟社区用户参与机制结构模型，并据此提出了 9 个假设。通过应用结构方程软件 Amos 分析问卷调查获得的数据，发现信息系统质量和价值感知对参与的间接效应在两种类型的关系型虚拟社区里存在差异性，在用户的参与动机方面也有差异性。

第 4 章：分析了两种类型的关系型虚拟社区的网络结构特征。本部分运用社会网络分析方法（SNA），分析了两种类型的关系型虚拟社区社区密度、点度中心性、中间中心性、接近中心性等网络结构特征，并利用百度空间和校内网的数据进行了实证研究。研究发现，基于现实关系的关系型虚拟社区社区密度要大于基于虚拟关系的关系型虚拟社区社区密度；两种类型的社区中心性都不高，都呈现扁平化、去中心化的网络结构，没有形成明显的中心性。

第 5 章：回顾了虚拟社区发展的三阶段模式，着重分析了关系型虚拟社区的价值源泉，即用户相互之间频繁的信息沟通所引发的非摩擦经济效应、注意力经济效应、规模经济效应与网络外部性、锁定效应；价值基础，即产生于顾客，发展于顾客，成熟于顾客，归纳并提炼出了由商品和服务模式、参与者模式和盈利模式三个部分组成的关系型虚拟社区的商业模式，分析了关系型虚拟社区的收入构成。在此基础上，提出了关系型虚拟社区的价值实现路径。在该路径中，虚拟社区平台、以人际关系为基础的社区用户和第三方厂商三者构成关系型虚拟社区的基本要素，其中社区平台位居中间并连接虚拟社区用户和第三方厂商，通过注意力流、资金流、信息流、商品和服务流在三个基本要素之间进行的价值交流、转化与生成，最终实现关系型虚拟社区的商业价值。

第 6 章：建立了两种类型的个人空间的商业价值和整个关系型虚拟社区的商业价值评估模型。本章首先应用因子分析法分析了百度空间和校内网的数据样本，提炼出 4 个影响因子，以此构建出虚拟社区个人空间价值评价模型，并进一步运用顾客价值法和现金流折现法推导出了关系型虚拟社区的动态价值模型。

第 7 章：总结全书的研究成果、创新点、研究中的局限性以及可以进一步研究的方向，从宏观和微观两个层面提出了规范、发展、提高和充分利用关系型虚拟社区网站的策略建议。

1.3.2 研究方法及技术路线

本书的主要研究方法如下。

（1）问卷调查法：在进行关系型虚拟社区用户参与动机方面的研究时，作者为了获取第一手数据，使用了问卷调查法，期望掌握用户参与虚拟社区的真实意图。此次问卷调查采用在互联网上填写，以抽奖的方式保证信息的有效性。

（2）社会网络分析方法（SNA）：是对网络结构进行分析的社会科学研究范式，是社会网络量化研究的一种方法。本书利用社会网络分析软件 Pajek 对关系型虚拟社区的两种类型进行了网络结构特征分析，并对其网络结构进行可视化处理。

（3）结构方程分析法：结构方程模型是社会科学研究中的一个非常好的方法，主要处理多个原因、多个结果的关系或者不可直接观测的变量（潜变量），是多元数据分析的重要工具。本书运用该方法进行用户参与机制研究。

（4）统计分析法：本书在研究个人空间商业价值模型时，采用 SPSS 软件，进行因子分析，提炼出 4 个影响因子。在对参与动机调查问卷的可靠性和有效性检验时，对测量指标的信度进行了分析。

本研究的技术路线如图 1.2 所示。

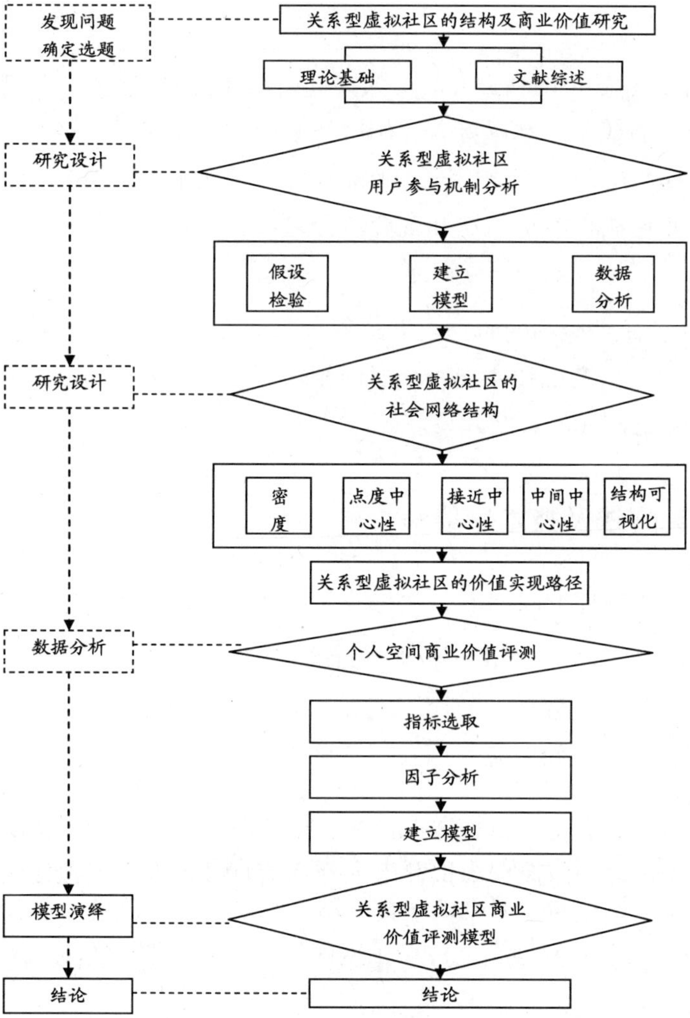

图 1.2　技术路线图

第 2 章 理论基础

2.1 虚拟社区

虚拟社区的研究比较分散、庞杂，本书从研究阶段及学科角度对其进行了总结梳理。

Lee，Vogel 和 Limayem（2002）把虚拟社区的发展及其研究划分为 5 个阶段。第一阶段是对虚拟社区的基础研究，虚拟社区的概念、定义、规则等，需要回答的问题是究竟什么是虚拟社区；第二阶段是支持虚拟社区的技术发展研究，主要包含如何建立虚拟社区，使用何种技术保证虚拟社区中的信息交流等关键技术问题；第三阶段是虚拟社区的衍生功能和应用阶段，主要研究虚拟社区能带来哪些应用，包括虚拟社区对知识共享、新的社会关系的建立等各方面的作用；第四阶段是执行和结果的评估阶段，主要是在虚拟社区发展过程中获取经验并评估结果；第五个阶段是产业化阶段，在这一阶段中研究如何使虚拟社区得到商业化的应用，使虚拟社区在经济上获得成功，使之成为一种产业，主要是整合虚拟社区和电子商务、客户关系管理研究。上述 5 个阶段并非是按顺序依次发展的，而是平行发展的。

国内学者柴晋颖和王飞绒（2007）采用 Virtual Community、BBS、虚拟社区、虚拟空间等关键词在 Elsevier 电子期刊全书数据库以及中国期刊网全书数据库中搜索了 1996—2006 年收录的关于虚拟社区研究的相关文献，其中外文文献 2017 篇，中文文献 265 篇。按照以上 5 个研究阶段对文献进行统计，统计结果见表 2.1。

表 2.1　虚拟社区研究阶段分类相关文献搜索统计

阶　段	外文文献篇数	所占百分比	中文文献篇数	所占百分比
第一阶段	832	41.2%	172	64.9%
第二阶段	187	9.3%	22	8.3%
第三阶段	549	27.2%	44	16.6%
第四阶段	203	10.1%	7	2.6%
第五阶段	246	12.2%	20	7.6%
合　计	2017	100%	265	100%

*来源：柴晋颖和王飞绒（2007）

与国外文献相比，国内文献大多集中在第一阶段虚拟社区的概念、规则、成员行为等方面。作者在查找虚拟社区方面的文献时也发现了这个特点，较为典型的文献有：徐小龙、王方华（2007）对虚拟社区的基本内涵进行了探讨、对虚拟社区与真实社区进行了比较；易徽（2002）探讨了虚拟社区的文化特色及其影响；项国雄、胡健（2005）从传播学的角度阐述了社区成员的行为特征。其他几个阶段较为典型的文献有处于第三阶段的刘龙（2002）提出并论证了虚拟社区将成为网络经济中企业塑造品牌的重要途径；向海华（2004）认为虚拟社区的知识共享活动将为电子商务带来商机；梁海燕、黄艳娟（2005）建立了基于 Blog 的企业知识共享机制及概念模型。第四阶段绩效评估方面有孙居好（2005）从社区成员视角对虚拟社区评价指标体系的研究等。第五个阶段是产业化阶段，最常见的应用就是电子商务方面的应用。

而 Lee、Vogel 和 Limayem（2003）在其先前的研究基础上对 1995—2002 年的相关代表性文献按照这 5 个阶段进行了归类汇总，详见表 2.2。

表 2.2　虚拟社区各研究阶段代表性研究汇总

研究阶段	学者	研究主题
第一阶段：虚拟社区的基础研究	Andrews（2002）	在线社区设计
	Burnett（2000）	虚拟社区内的信息交互
	Cummings, Butler & Chignell（2000）	在线社会关系质量
	Ho, Schraefel & Chignell（2000）	研究型虚拟社区发展的评估方法
	Igbaria（1999）	虚拟社区的驱动因素
	Jones（1997）	虚拟社区、虚拟地区、计算机考古学等的理论概要
	Jones & Rafaeli（2000）	虚拟都市
	O'Neil（2002）	虚拟信息学：对社区网络和社区技术的回顾
	Romm, Pliskin & Clarke（1997）	虚拟社区和社会：一个整合的三阶段模型
	Romm & Clarke（1995）	虚拟社区研究主题
第二阶段：支持虚拟社区的技术发展研究	Bieber et al.（2002）	虚拟社区知识进展
	Goodman & Darr（1998）	计算机支持系统和社区：分散组织的学习机制
	Hattori, Ohguro & Yokoo（1999）	支持网络社区的多 Agent 系统
第三阶段：虚拟社区的衍生功能和应用阶段	Berghel（2001）	一个计算机的宣言
	Cowan, Mayfield, Tompa & Gasparini（1998）	社会网络中的新角色
	Erickson（1997）	网络中的社会交互：虚拟社区的分享行为
	Faucheux（1997）	虚拟社区如何改变管理科学
	Marlino, Summer, Fulker, Manduca & Mogk(2001）	地球系统教学电子图书馆
	Plisk & Romm（1997）	电子邮件对虚拟社区研究的影响
	Stanoevska-Slabeva & Schmid（2001）	在线社区和社区支持平台研究回顾
	Swan（2001）	社区中的知识管理
	Wachter, Gupta & Quaddus（2000）	虚拟社区对教育的支持
第四阶段：执行和结果的评估研究	Chellappa, Barua & Whinston（1997）	虚拟大学的电子平台

续表

研究阶段	学者	研究主题
第四阶段：执行和结果的评估研究	Emmen（1999）	虚拟医疗社区
	Hardwick & Bolton（1997）	虚拟企业
	Hiltz & Wellman（1997）	异步学习网络
	Majchrzak,Rice, Malhotra, King & Ba（2000）	计算机支持组织内虚拟团队的技术采纳研究
	Pearson（1999）	虚拟教学网络
	Piccoli, Ahmad & Ives（2001）	基于 Web 的虚拟学习环境
	Rao（1998）	印度网络——首次虚拟社区的案例研究
	Singh, Yu & Venkatraman（2001）	基于社区的服务
第五阶段：产业化研究	Bruckman（2002）	在线学习社区的未来
	Desanctis, Wright & Jiang（2001）	建立一个全球学习社区
	Jin（2002）	设计一个基于交互学习环境的虚拟社区
	Kozinets（1999）	虚拟消费者社区的战略启示
	McWilliam（2000）	建立在线品牌社区
	Rothaermela & Sugiyamab（2001）	虚拟社区和商业成功：个人和社区层面的理论总结
	Wang, Yu & Fesenmaier（2002）	虚拟旅游社区：旅游营销启示

*来源：文献（Lee 等，2003）

根据 Lee 等（2003）对虚拟社区的研究总结，作者发现在 1995—2002 年国外关于虚拟社区的研究主题多集中在虚拟社区的基本特征、科技对虚拟社区的影响、虚拟社区的发展与实务及社区内制度的形成等方面，并指出未来的研究方向主要是虚拟社区学习过程中的知识转移或知识管理、讨论区论坛对信息交互和情感支持的影响。

Honglei Li（2004）通过对 1996—2004 年有关虚拟社区的 36 篇学术文献按照研究主题和范式进行归类分析，将虚拟社区研究划分为社会视角、商业视角、发展视角、应用研究和方法论研究五个方面。基于社会视角方面的研究，他认为绝大多数研究是指在阐述虚拟社区的定义、对虚拟社区和现实社区的比较。在这个视角，他认为未来的研究方向是发展一个相对统一的虚拟社区的概念，通过实证研究检验虚拟社区的功能，探索更多的参与虚拟社区的前向和后向动机。商业视角的研究方面，商业模型虽有提出但是没有实证支持，同时商业的潜力仅限于营销。Honglei li 认为该方面未来的研究应该是用实证的方法确认模型的有效性和探索除了营销以外的其他商业潜力以及能产生价值的新商业模型。发展视角方面，尽管已有研究中既有案例研究也有总体分析，但是已有的研究仍然十分有限。更多的研究（包括但不限于案例研究和实证研究）应该得到进一步发展。总体分析也是需要的，目前应用研究仍是非常有限的，未来人们对虚拟社区的应用将进行更为宽泛的研究。方法论研究方面，Honglei Li 认为当前对虚拟社区的研究不成熟且没有更多的理论沉积，因此定性研究比实证研究要多。未来关于这方面的研究应该定性研究与实证研究并重并在虚拟社区内外搜集数据比较差异性。虽然 Honglei Li（2004）的以上分类方法有交叉重叠之处，不是很严谨，比如社会、商业、应用视角都存在着发展问题，但他提出的有些思想还是可以借鉴的，比如虚拟社区的商业发展潜力等。

本书采用“virtual community”、“electronic community”、“online community、”“虚拟社区”、“在线社区”和“网络社区”等作为关键词，利用“中国期刊网”和“Google 学术搜索”对研究虚拟社区的学术文献进行了搜索，剔除了非学术文献，总共获得了 170 篇英文论文和 167 篇中文论文。从学科角度来划分，作者发现国内外学者主要从社会心理学、社会学、管理学、营销学等学科视角进行研究，详见表 2.3。

表 2.3　学科角度的虚拟社区国内外研究现状

学　科	研究主题	外文文献		中文文献	
		篇数	%	篇数	%
社会心理学	参与动机、行为角色、社区感、规则服从、凝聚力	29	17	35	21
社会学	概念、特征、结构、人际互动、群体行为、社会存在、社区文化、伦理道德	13	8	51	31

续表

学 科	研究主题	外文文献		中文文献	
		篇数	%	篇数	%
管理学	概念、商业模式、社区评价、社区构建、客户关系、知识共享、社区发展、商业价值、电子商务	63	37	15	9
营销学	口头传播、人际传播、品牌建设、社区忠诚、营销渠道、关系管理	15	9	39	23
其他	系统软件、系统设计、网络教育、医疗、卫生方面的应用、方法论研究	50	29	27	16

对比国内外研究文献，可以看出：①国内研究起步较晚，比国外滞后至少五六年。②国内学者主要从社会学、社会心理学视角出发。如黄少华（2008）对虚拟穆斯林社区的整体社会关系网进行了研究，梅梅（2008）对虚拟社区权力的结构与特征进行了研究；而国外则主要是从管理学视角进行研究的，在电子商务、知识共享、商业模式等方面探讨的比较多，如 Maclaran 和 Catterall（2002）、Kardaras 等（2003）、Hagel 和 Armstrong（1997）都对虚拟社区的商业模型进行了全面的分析，Rothaermel 和 Sugiyama（2001）认为商业导向的虚拟社区主要依靠交易存活，Post（2000）分析了建立全球性的虚拟商业社区的可能性并提出了一个更有远见的虚拟社区商业模型，Ginsburg 和 Weisband（2004）提供了“国际象棋俱乐部”虚拟社区通过运营产生收入的案例分析。③从研究深度看，国内论文篇幅短小、概念性及定性研究居多，有实质研究内容的不多。④从研究方法看，国外定量研究相对较多（Coon，1998；Bagozzi 和 Dholakia，2002；Butler et al.，2002；Ginsburg 和 Weisband，2004），采用系统仿真、结构方程、神经网络、回归等多种工具，而国内多是定性研究、案例研究，定量研究较少。

综观虚拟社区的研究现状，有以下几方面的问题需要深入研究。

（1）虚拟社区的知识共享机理及机制建构。信息交流和知识共享是虚拟社区平台的重要功能之一。Koh 和 Kim（2004）研究发现，知识共享活动能够提高成员的忠诚度，与虚拟社区绩效密切相关。在虚拟环境下，如何建立有效机制支持、激励用户贡献知识、信息和共享行为，使虚拟社区的平台价值得到提升。

（2）虚拟社区的持续发展。虚拟社区存在着发展和竞争问题，用户既是消费者也是生产者，它是一个双边市场，具有网络外部性特征，聚集的成员越多，就会吸引更多的人加入。如何持续吸引用户，使社区争取到更多的注意力资源，不仅是服务定价的问题，也是竞争结构和竞争策略的问题。

（3）虚拟社区的价值转换和评价问题。这体现在如何把成员的注意力转换成虚拟社区的经济价值并对其价值评价。Williams 和 Cothrel（2000）认为成员发展、资产管理和社区关系是虚拟社区成功的三个关键要素，Preece（2001）提出根据社会性和可用性来评价虚拟社区绩效的观点。但这方面的研究还处于概念分析阶段，缺乏实证研究。

2.2　关系型虚拟社区

关系型虚拟社区的表现形式就是社会化网络网站，对它的研究主要集中在以下领域。

（1）印象管理和友谊表现。在早期的研究中，Boyd（2004）分析了 Friendster 网站作为清晰显示社会网络的场所允许用户展示自己、与人联系。Donth 和 Boyd （2004）扩展了这个提法，认为公开的连接展示是重要的身份信号，可以帮助人们在网络化社会的世界里浏览。Skog（2005）发现在 LunarStorm 网站身份功能强烈地影响了人们的行为及选择暴露的个人信息。Fono 和 Raynes-Goldie（2006）在审查了 LiveJournal 网站的“友谊”后描述了用户对公开连接展示的理解和“友谊”功能作为网站催化剂如何起作用。

（2）网络和网络结构方面的研究。Golder、Wilkinson 和 Huberman（2007）检查了 Facebook 网站的 400 万用户共计 3.62 亿条留言，以研究友谊和留言活动。Lampe、Ellison 和 Steinfield（2007）探索了 Facebook 网站上用户个人信息中的元素与其在网站上好友数量的关系，他们发现那些减少了交易成本或更难伪造的个人信息有可能与较多的朋友链接有关系。一些学者分析了在 Flickr 和 Yahoo360 网站的成长过程中用户扮演的角色。Kumar、Novak 和 Tomkins（2006）认为被动的成员、邀请者和连接者完全参与了网络的社会进化。基于 Orkut 网站的数据，Spertus、Sahami 和 Buyukkokten（2005）通过特定社区的成员识别出了用户的拓扑图，建议可以以此来向用户推荐与其兴趣相近的其他社区。

（3）在线和离线社会网络的连接研究。Ellison、Steinfield 和 Lampe（2007）认为 Facebook 网站被用户用于维持现存的线下关系或者巩固离线连接而不是认识新的朋友。Lampe、Ellison 和 Steinfield（2006）发现：Facebook 的用户在网站搜索其线下关系的行为比随意浏览网站上陌生人的活动多。同样地，Pew 的研究表明：美国 91%的十几岁少年用社会化网络网站与其朋友进行联系（Lenhart 和 Madden，2007）。

（4）隐私方面的研究。研究者们调查了社会化网络网站对隐私的潜在威胁。Gross 和 Acquisti（2005）分析了 4000 个卡内基梅隆大学的用户在 Facebook 上的个人信息，勾勒出了包含在个人信息中的涉及隐私的潜在威胁。Dwyer、Hiltz 和 Passerini（2007）认为信任和使用目标会影响用户愿意分享的内容。他们用大量的数据分析证明：基于 Facebook 网站的用户在 Facebook 网站比 MySpace 用户在 MySpace 网站表现出了更多的信任感，因此 Facebook 用户更愿意在 Facebook 网站分享信息。

（5）其他方面的研究。一些学者还对社会化网络网站用户的特征进行了研究。比如 Gajjala（2007）对用户种族的研究、Nyland 和 Near（2007）对用户宗教信仰的研究、Geidner、Flook 和 Bell（2007）对用户性别的研究等。有些研究者甚至把关注点放在诸如当教授是 Facebook 网站的用户时其学生的感觉会如何等问题上（Hewitt 和 Forte，2006）。

综上所述，对于关系型虚拟社区的研究，主要体现在对社会化网络网站的研究，而目前的研究又大部分是针对比较流行的网站（如 Facebook、MySpace 等）的研究，通过对这些网站所提供的数据和信息的科学分析，对其用户的特征、网上的行为、隐私等方面进行研究。不过这些网站都是基于现实关系建立起来的，目前还很少有对基于虚拟关系建立起来的虚拟社区的研究。

比较虚拟社区的未来研究方向，作者发现关系型虚拟社区的发展问题和价值转化问题的研究也比较欠缺。发展离不开成员的参与，离不开对经济价值的关注。不同类型的虚拟社区，成员的参与动机必然不同，虚拟社区中的成员既表现出个体行为，也会呈现出有规律群体行为，深入认识成员的参与动机和互动行为，有助于满足他们的需要及对其实施有效的激励，提高虚拟社区的价值基础。为了深入研究关系型虚拟社区的发展问题，本书所探讨的主要是两种类型的关系型虚拟社区的成员参与动机、网络结构和个人空间价值评估、虚拟社区价值评估。

2.3　关系型虚拟社区的参与动机理论基础

2.3.1　理论基础

关系型虚拟社区的参与动机理论基础来源于社会学、心理学、社会心理学、传播学、发展经济学等。

1．社会交换理论

如果作者把虚拟社区的成员都看作理性的经济人，则难以解释虚拟社区中的知识和信息交流活动，因为在这些活动中，人们除了提供个人所拥有的知识和信息外，还需要花费时间和精力。从经济学的角度来看，因为这种自愿付出不像商品交易那样能即刻得到相同价值的经济回报，因为不符合追求个人利益最大化的理性原则（徐小龙、王方华，2007）。社会交换理论为这种特殊的知识共享行为提供了理论基础。社会交换理论源于社会学家对古典经济学的功利主义假设的借用和修正（乔纳森，2001）。古典经济学家把人看作经济人，经济人的概念以系统的观念为基础。经济人就是作为系统的组成部分的人，作为系统的一个功能要素的人。这样的人必须具有启动这个系统所必不可少的本质属性。古典经济学赋予“经济人”若干基本特性，其中包括理性行为的利己主义等，主要体现在他们在自由和竞争性的市场里同他人进行交易或交换时，始终寻求经济利益或效用最大化。市场中的人们是自由的，可以得到必要的信息，他们能够考虑所有的替代性选择，并在此基础上，理性地选择能使自身物质利益最大化的行动过程。根据乔纳森（2001）的归纳总结，社会学家们从以下几个方面借用和修正了经济学的功利主义假设。

（1）人并不像功利主义所认为的那样寻求最大利润，但是他们会在同他人的社会交易中努力获取利润。

（2）人并非完全是纯粹理性的，但他们在社会交易当中的确会盘算成本和收益。

（3）人们并不具备有关选择性方案的所有信息，但他们至少是常常关注某些选择性方案，这些形成了衡量成本与收益的基础。

（4）人们经常在约束下行动，但他们仍然在交易中寻求获利时相互竞争。

（5）人们经常在交易中寻求获得利益，但当他们进入交换关系时，将会受到其所拥有资源的限制。

（6）在所有社会中，人们确实都在明确界定的市场中从事经济交易，但这只是在所有社会脉络中发生于个体间的、更为一般意义上的交换关系的特例而已。

（7）人们的确在交易中追逐物质性的目的，但他们也动员并交换非物质性的资源，如情感、服务和符号。

社会交换理论（Social Exchange Theory，SET）的创始人 Homans（1958）从古典政治经济学家亚当·斯密的交换学说以及有关人类学家和心理学家的研究中得到启发，认为人们的一切社会活动，不论是物质的活动还是非物质的活动，都是一种交换活动，人类已经从经济交换发展为社会交换，已从单纯的物质交换发展为物质与非物质结合的综合性交换。社会交换理论是借用经济学概念来解释社会行为有赖于相互强化而得以持续发展的一种社会心理学理论，是从微观的角度来探讨人类的社会行为，它研究人与人之间的社会交换关系，具体指的是存在于人际关系中的社会心理、社会行为方面的交换，是一种计算得失的理性资源交换，“公平分配”、“互惠”是该理论的主要规范及法则。经济学中的交换理论和社会交换理论都是假设只有当个人的报酬大于成本时才会采取部分交换，但是经济交换理论侧重于外在利益，而社会交换理论则着重于内在报酬（Catherine 等，2002）。在这里，报酬与成本不仅限于物质财富，成本可以是体力上与时间上的消耗，也可以是放弃享受、接受惩罚和忍受精神压力等方面的自愿行为，而报酬方面的自愿行为可能是心理财富（如精神上的奖励、享受或安慰等），也可能是社会财富（如身份、地位与声望等）。概括起来，社会交换理论可以用一个公式来表明：报酬（reward）－代价（cost）＝结果（outcome）。如果进行交换的双方所得到的结果都是正向的，则关系将持续下去；如果双方或一方所得的后果是负向的，他们之间的关系将出现问题（Chadwick-Jones，1976）。

现代的社会交换理论大致可以分为：交换结构主义、交换行为主义和交换网络理论（蔡宁、黎常，2007）。

交换结构主义主要是由Blau（1964）在Homans理论的基础上进行复杂结构的分析而发展的理论。他在对个人之间、个人与团体、团体与团体之间的社会交换进行深入分析后，提出了社会交换理论中很重要的一个概念——信任。由于互惠的结果，人们在社会交换的过程彼此间会产生感激、责任感和信任。对人们的知识分享与信息交流行为而言，由于没有合约来规定人们的知识交换行为、信息交流，所以彼此间的信任更是一个关键因素，若双方在交换过程中得到互惠，双方会建立起信任，这种良好的关系才容易促成人员间的知识交换和信息交流行为。

交换行为主义的观点来自心理学行为主义，强调引导行为的增强模式以及报酬和代价的过程。Homans（1958）认为，人类愿意持续某些行为，是因为这些行为在经验中被证实能够得到相当的报酬；反之，若某些行为无法得到报酬，甚至要付出代价时，这个行为就会被停止而不再继续。人际间的互动行为就是在这样一种过程中双方参与者执行与对方有关的活动，交换有价值的资源。Blau（1964）将交换行为定义为交换是行为的一方受到可以从交换的另一方那里得到回报的激励而产生的自愿行为，是当别人做出报答性反应就发生，当别人不做出报答性行为就停止的行动。他将交换分为经济交换和社会交换，经济交换的特点是详细、清楚，交换基于正式合同以确保双方履行特定的责任；社会交换包含未详细说明的责任，即提供的支持会引起未来的分散的责任，不是简单的、详细清楚的，回报的特点是不能讨价还价，但必须留给回报者去判断。因此，在交换的初期，一方要相信另一方将来会履行责任，而职责的照常履行会提升双方对彼此的信任。因此，在交换行为主义中强调互动双方的等价报酬的提供，这种报酬可以是内隐性报酬，也可以是外显性报酬。

交换网络理论是美国社会学家Emerson（1962）提出的。Emerson认为，交换关系中的中心概念是依赖、权力以及平衡。其中，行动者之间的依赖取决于两个因素：一个是行动者向他人寻求的资源的价值；另一个是这些资源的替代性手段稀少或索价太高。交换关系中的“权力”来自一方掌握对方所需要的资源，行动者在网络中的不同位置强化了行动者的不同资源分布，交换关系中双方会以彼此间的相互依赖来决定他们的相对权力。而经过某一阶段的平衡操作过程，交换活动初期所显示出的权力差异将随时间的推移而趋于平衡。

2. 社会认同理论与社会认知理论

社会认同理论是社会心理学领域在研究群体行为方面最有影响的理论之一。继 Tajfel 等人于 20 世纪 70 年代在最简群体范式的研究基础上，提出了社会认同理论之后，Turner 又在此基础上提出了自我归类理论，从而进一步发展和完善了这一理论。社会认同理论强调了社会认同对群体行为的解释作用，认为个体对群体的认同是群体行为的基础，个体通过社会分类，对自己的群体产生认同，并产生内群体偏好和外群体偏见。个体通过实现或维持积极的社会认同来提高自尊，积极的自尊来源于内群体与相关的外群体的有利比较。当个体认同受到威胁时，个体会采用各种策略来提高自尊。个体过分热衷于自己的群体，认为自己的群体比其他群体好，并在寻求积极的社会认同和自尊中体会团体间差异，就容易引起群体间偏见和群体间冲突。Turner 和 Tajfel（1986）区分了个体认同与社会认同，认为个体认同是指对个人的认同作用，或通常说明个体具体特点的自我描述，是个人特有的自我参照；而社会认同是指社会的认同作用，或是由一个社会类别全体成员得出的自我描述。Tajfel（1978）将社会认同定义为：“个体认识到他属于特定的社会群体，同时也认识到作为群体成员带给他的情感和价值意义。” Tarner（1985）提出了自我归类理论，对 Tajfel 的社会认同理论进行了补充，他认为人们会自动地将事物分门别类，因此在将他人分类时会自动地区分内群体和外群体。当人们进行分类时会将自我也纳入这一类别中，将符合内群体的特征赋予自我，这就是一个自我定型的过程。个体通过分类，往往将有利的资源分配给自己方的群体成员。

社会认同最初源于群体成员身份，人们总是争取积极的社会认同，而这种积极的社会认同是通过在内群体和相关的外群体的比较中获得的。如果没有获得满意的社会认同，个体就会离开他们的群体或想办法实现积极区分。人们会使用各种策略进行区分，Turner 和 Tajfel（1986）认为有三组变量会影响群体间区分：①人们必须主观上认同他们的内群体；②情境允许评价性群体间比较；③外群体必须是可以充分比较的。

人们通过积极区分来获得积极的评价性的社会认同，而积极区分是为了满足个体获得积极自尊的需要。这就暗示自尊的需要激发了个体的社会认同和群体行为，即社会认同是满足自尊的需要。Abrams 和 Hogg（1988）进一步说明了自尊假设的两个推论。

推论 1：成功地进行群体间区分可以提高社会认同，从而提高自尊。作为群体成员，个体将内群体越积极地与外群体区分就会获得越高的自尊。

推论 2：由于获取积极自尊的需要，低自尊或自尊受到威胁都会激发群体间歧视行为。

社会认同理论明确地对群体间地位关系进行了研究，特别是群体中低地位群体成员的自我激励策略。在现实生活中他们会通过群体关系来维持和提高社会认同，采用的策略有三种：社会流动、社会竞争和社会创造。对策略的选择依赖于他们对自己群体与其他群体的关系的知觉。群体关系的三个变量包括：群体边界的可渗透性、群体地位合理性和这些差异的稳定性。而在群体关系的不同情况下，个体会存在两种信仰体系：社会流动信仰体系与社会变革信仰体系。

社会认知理论认为，人的行为受社会网络（如社会系统环境）和个人认知（如期望、信念等）的影响（Bandura，1982）。Bandura 对此进行了深入细致的研究，提出了两种主要的行为认知动因：自我效能和结果期望。自我效能是指个体对其组织和实施达成特定目标所需行动过程的能力的信念。结果期望是指个人对自己能完成这项任务的可能结果的判断。前者决定了人们选择从事哪种行为，投入多少精力去克服困难，对行为的控制能力有多大；后者显示人们喜欢从事那些能使其绩效增加或取得良好结果的行为。社会认知理论是被广泛接受和已被实证检验了的关于个人行为研究的理论。

近十年来，整个欧洲社会心理学与美国社会心理学的研究逐渐走向融合，社会认知研究与社会认同研究也出现合流的趋势，当前社会认知范式也成为当代欧洲社会心理学主导的研究范式之一（方文，2002）。

3. 使用与满足理论

使用与满足理论最初是由传播学的研究者提出并进行应用的，该理论主要用于解释人们使用不同虚拟社区的动机（McQuail，1985；Flanagin & Metzger，2001），个体经常是以目标为导向的方式来寻找虚拟社区从而满足特定的动机，因此该理论能够解释用户参与及持续使用虚拟社区是基于需要或者使用满意或者满意（Blumler & Katz，1974；Katz 等，1973）的观点。

使用与满足理论提出了 5 种对使用满意的分类：认知需求、情感需求、个人整合需求、社会整合需求、压力释放需求（Severin and Tankard，1997）。认知需求是在信息极大丰富的社会里人们对信息获取和理解方面的内在需求。情感需求是关于情感的经历以及愉悦、娱乐和美学方面的内在需求。个人整合需求来自个人对作为自信表现出的感知的可信性和高度的自尊方面的需求，这些需求与个人的价值体系紧密相连。社会整合需求是联系需求，是人们想作为一个群体的一部分和希望被视为群体的一部分，与归属感相关。压力释放需求与来自问题和程序方面的逃避和分散需求有关。后三个需求既是内在需求也是外在需求（Katz 等，1973）。对需求的满足决定了其对媒体的态度。这个态度反过来导致了个人对媒体的选择和对其内容满意的程度。这个态度的形成过程可以被细分成其他影响最后行为的结果和重复或继续使用媒体及其内容的其他变量（Eighmey John & McCord，Lola，1998；Swanson & David L. 1987）。

Weiser（2001）利用理解交往媒介效应的“使用和满意模式”（Uses and Gratifications Model）解释网络交往的心理效应。该模式假设网络使用的社会心理效应主要取决于使用者使用该技术的原因和目的，也就是说，网络的社会心理效应依赖于网络服务的功能。理论模式包括网络使用的功能、社会综合标准以及心理幸福标准。在此基础上，他进行了两个研究。研究一是调查被试者使用网络的主要原因，主要因素分析表明这些原因主要落在两个因素上，他分别称之为社会-情感调节因素（Socio-Affective Regulation，SAR）和物质-信息获得（Goods-and-Information Acquisition，GIA）因素，这两个因素能解释互联网使用变量的 50%。社会-情感调节可被定义为社会或亲和取向的互联网使用，而物质-信息获得可被定义为实用的或实践取向的互联网使用。也就是说，网络使用的动机有两类：信息的和社会的。研究二是探索网络使用功能是否调节着它的心理、社会后果。经过一系列复杂的研究，他得出了结构方程模式，如图 2.1 所示。

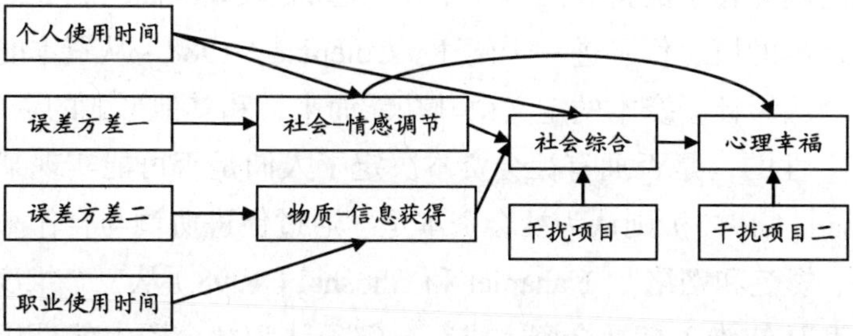

注：误差方差一是社会–情感调节，误差方差二是物质–信息获得；干扰项目一是社会综合，干扰项目二是心理幸福。

图 2.1　Weiser 网络交往心理效应

该模式揭示了社会–情感取向的互联网使用因为首先降低社会综合，所以导致对心理幸福有消极影响，而物质-信息获得取向的网络使用通过先提高社会综合对心理幸福有积极影响。Weiser 的研究结果表明网络使用与人的心理、社会发展并不是直接联系的，使用动机在其中起着调节作用。

4．社会资本与网络资本理论研究

社会资本（Social Capital）最早是作为经济学的术语出现的，它与人力资本、物质资本并列为经济发展的三大要素。社会资本概念的提出最早可以追溯到 1961 年 Jacobs 的《美国大城市的死与生》一书。Jacobs（1961）在研究城市邻里关系时将"邻里关系网络"界定为社会资本。随后几十年的发展中，社会资本的研究视角不断拓宽，从单纯的社会学视角逐渐演变成社会学、经济学和政治学三种研究视角。本书主要从经济学和社会学的角度进行论述。

从经济学的研究视角，社会资本被认为是存在于价值观或是规范当中的信任，是根植于最小、最基础的社会团体，其核心概念是群体的价值观、信

任与善意、资源与信息交换（Fukuyama，1995）；Woolcock（2001）认为，社会资本是根植于个体互动关系的对社会经济发展有重要影响的要素，它是由社会网络和社会互动关系的规范组成，其中互动关系能够促进为了共同利益而开展的协调与合作。

基于社会学的研究视角，Bourdieu（1986）对社会资本进行了最初的定义，他将社会资本定义为“实际的或潜在的资源的集合体，这些资源是同大家共同熟悉或认可的制度化了的持久网络联系在一起的”。Coleman 和 Putnam 在其基础上对社会资本的概念作了进一步阐述。Coleman（1988）从资本的结构性或功能性出发，认为社会资本的定义由其功能而来，和其他形式的资本一样，社会资本是生产性的，是否拥有社会资本决定了人们是否可能实现某些既定目标。而 Putnam（1993）则认为社会资本是“通过促进协调与合作来提高社会效率的信任、规范和网络”。Nahapiet 和 Ghoshal（1998）从三个维度（结构维、关系维和认知维）把社会资本进行分解，认为社会资本就是从社区中的人际连带网络关系发展出来的信任合作与集体行为。林南（2001）把社会资本看作嵌入的结果，即资源嵌入社会结构当中并在有目的的行动中被接近或被运用。他把社会资本归纳为具有功能性特征的三种类型：社会网络和嵌入性资源、社团与民间参与、信任。

随着学者对虚拟社区的研究，社会资本理论也被放到虚拟社区当中进行探讨。学者们发现，行动者在虚拟社区中进行人际互动时，其中的社会资本与行动者的社会关系及社会活动极具关联性（林南，2001）。Granovetter（1973）曾经将人与人之间的关系按照交往时间、情感密切性、熟识程度以及互惠服务分为强关系和弱关系。他指出在强关系中，信息被重复传递的可能性会增加，信息共享高；在弱关系中，信息来自不同的群体，具有较大的异质性。Wellman 和 Gulia（1999）比较了虚拟社区和传统社会中的人际交往，发现大多数人际联系属于弱联系。Granovetter（1992）认为，人际交往中的弱联系是信息、支持与伙伴关系和归属感的重要来源，而网络的特性可以协助这些弱联系进行扩张。Lin Nan & Vaughn，W.（1981）认为，弱关系的意义在于它连接的社会资源是不同阶层的，而强关系连接的往往是相同阶层并且拥有相同或类似资源的人们。台湾学者吴齐殷（1997）认为，网络使用行为本身就具有社会意义。网络的媒体特征让具有共同兴趣的人们跨越时间与空间的距离，在虚拟空间互相合作、交换意见、分享信息、解决共同问题，从而聚集成各具特色的虚拟社区。因此，传统社区中的社会资本也会在虚拟社区中存在。

互联网带来的新的线上社会关系和人际互动虽然与现实社会中的网络关系不尽相同，但是当人们参与到虚拟社区中也会产生归属感和对彼此的认同感。Nelson 和 Cooprider（1996）认为，当社区成员相互认同并创造社区意识时，所形成的社会网络体现了人们在日常生活中参与的人际间的联系。社区成员在互动活动中，接触与发展人际关系，分享价值观和兴趣，这形成了社区成员之间的凝聚力和信任感，凝聚力强的社区创造出一种安全感、归属感，进而肯定了人们的社会存在。

关于虚拟社区作为一种功能性平台对社会资本的影响，学者们有各自不同的看法。Anne Beamish（1994）认为，网络世界可以补充现实世界的不足，在线社区使讨论更加开放和民主。叶勇助和罗家德（1999）指出网络中的人际关系是现实人际关系的复制品而非代替品，以人为主体的人际关系并不能以虚拟和实体的空间概念截然分开，而是彼此交融重叠。

国内学者李宁宁和王爱娟（2006）对网络社会中的社会资本进行了深入研究，将网络社会资本定义为“网民以虚拟社区为媒介，通过建立以符号为主要形式的与其他网民及虚拟社区之间的认同关系，从而获得虚拟资源，其归宿是转化为现实的社会资本”。他们不仅揭示了网络社会资本及其运行规律，而且揭示了社会资本是如何分配、获取、维护以及交换的。他们通过反复研究比较发现网络社会资本运作过程具有以下特点。

（1）不平衡性。对于不同背景、拥有不同现实社会资本的网民来说，起步阶段是不平衡的。拥有现实社会资本的网民可以跳过“资本积累”的过程直接进入资本维护阶段；不拥有现实社会资本的网民则要在网络上“白手起家”。社会资本在交换上也存在不平衡性，用户与虚拟社区之间、用户与现实社会之间、不同用户之间的交换并不是平衡的。

（2）互动性。互动体现在资本运作过程的每个环节，包括资本积累、资本维护、资本交换和资本分配。

（3）短暂性。由于网络社会资本本身具有虚拟性，其转化为现实社会资本也有滞后性，因此新的网络资本层出不穷，但也稍纵即逝。

（4）虚拟性。网络社会资本是虚拟的，是符号性质的，表现为关注度、排行位置和点击率等。

虽然学者们对现实社会资本以及网络社会资本有着各种各样的界定，但是从他们的研究中可以把它们归纳为两大流派："资源说"和"结构说"。

（1）资源说。这个流派是把社会资本当做一种资源或者各种资源的集合。Bourdieu 和林南等均可以被归为此派。Bourdieu 对社会资本的定义清楚地表明，社会资本由两部分构成：一是社会关系本身，它使个人可以获取被群体拥有的资源；二是这些资源的数量和质量。对社会资本概念的表述、指标测量和理论模型的建构做出最大贡献的当属林南（张文宏，2003）。作为社会资源理论的首倡者——林南认为，社会资本是从嵌入的社会网络的资源中获得的。社会资本根植于社会网络和社会关系中，因此，社会资本可被定义为嵌入的一种社会结构中的可以在有目的的行动中获取或动员的资源。

（2）结构说。其主要观点是：社会资本从形式上看就是一种社会关系，是一种更广泛的社会结构，或者是通过社会结构获取稀缺资源的能力。相对来说，持"结构说"观点的学者占大多数，代表人物是 Coleman。按照社会资本的功能，Coleman 把它界定为"个人拥有的社会结构资源"，他认为，社会资本并不是一个简单的实体，而是由具有两种特征的多种不同实体构成的，它们全部由社会结构的某个方面组成，并且能够促进处在该结构内的个体的某些行动。他还认为，与其他形式的资本不同，社会资本是存在于人际关系的结构中，它既不依附于独立的个人，也不存在于物质生产的过程之中。

本书更倾向于"结构说"，认为社会资本就是一种社会关系，而关系型虚拟社区建立起来的就是一个社会化网络，在该网络中，维持和发展社会资本的是声誉和信任，它们能够为行为主体带来额外价值或者收益，比如好的工作机会、商业机会、新的朋友等。

2.3.2 虚拟社区的参与需要及动机

需要层次理论（Maslow，1943）被认为是理解和支持用户参与虚拟社区的最恰当的方法。Kim（2000）认为该理论对设计有效的虚拟社区很有帮助。

而 Grosso（2001）用自己的研究支持了这一观点，他认为把需要层次理论作为研究参与虚拟社区的需要满足的参考是非常有用的。Bishop（2002）也建议这类社区应该为用户提供基本的需要，则他们一些高级的社会需要将会得到满足。Shneiderman（2002）认为需要层次理论是理解虚拟社区的一种方式因为它是“有顺序的”。

Kim（2000）根据 Maslow 的需要层次理论把用户参与虚拟社区的需要分为五个层次，即生理需要、安全需要、社会需要、尊重的需要、自我实现的需要，如表 2.4 所示。

表 2.4　虚拟社区成员需要层次表

需　要	Kim（2000）观点	Maslow（1943）观点
生理需要	系统登录、维持身份、参与社区	食物、衣服、居所、健康
安全需要	避免黑客攻击、能够感觉到有一个相对安全的地方	避免战争、犯罪，感觉生活在一个安全的社会当中
社会需要	感觉属于所加入的社区	能够付出和得到爱，感觉属于特定的组织
尊重的需要	能够为社区做出贡献，并且这些贡献能够被其他成员认可	自尊、能够获得别人的尊重，能够做出贡献
自我实现的需要	能够在社区中扮演重要角色并发展自身的能力	能够开发自己的能力，并且完成自己的目标

Armstrong 和 Hagel（1996）则认为虚拟社区可以满足虚拟社区成员以下四种需要。

（1）兴趣需要。用户参与虚拟社区仅是为了参与某种兴趣社区，与具有相同兴趣需要的人讨论该类兴趣，获取更多的关于这种兴趣的知识。

（2）关系需要。用户参与虚拟社区是为了维持某种关系，比如与经常讨论问题的老友交流。

（3）想象力需要。人们的想象力可能会受到现实的制约，但是在虚拟社区内部，人们的想象力可以充分的发挥，从而开发出自己喜欢的游戏或者其他东西。

（4）交易需要。参与社区是为了交流某种产品的信息，或者进行产品交易。

Bagozzi 和 Dholakia（2002）通过对 157 名调查对象的研究，考察了驱动成员参与虚拟社区的个人和社会方面的决定性因素。他们认为 MGB（Model of Goal-directed Behavior）模型主要是一个目标导向行为模型，该模型只涵盖了社会影响的一个方面，即感知主观规范。主观规范反映了来自其他重要人物的从事一项重要行为的压力。因此，Bagozzi 和 Dholakia 在 MGB 模型的基础上加入了两个社会性因素，即社会认同感和群体规范。修改后的模型基于社会决定因素的目标导向行为模型，得出态度、情感、主观规范、知觉行为控制、社会认同等因素如何影响虚拟社区成员的参与意愿。模型如图 2.2 所示。

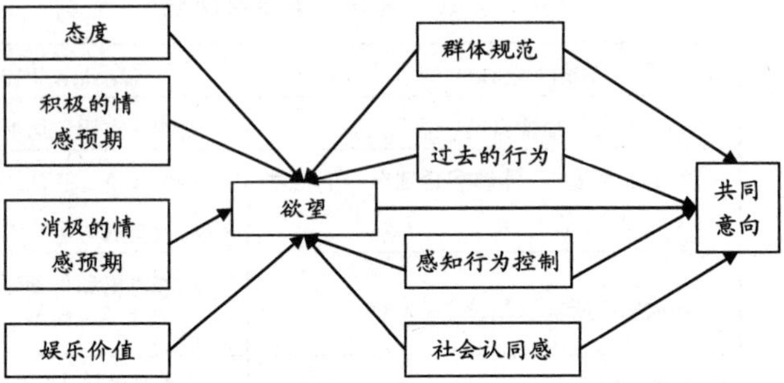

图 2.2　Bagozzi & Dholakia（2002）模型

Bagozzi 和 Dholakia（2004）的研究是在 Bagozzi 和 Dholakia（2002）研究的基础上进行的。通过对 7 类共 264 个社区的 545 个调查对象的研究得出，虚拟社区的类别能影响社区参与、成员群体规范和社会认同。他们认为，研究虚拟社区参与的影响因素，应该将个人层面的因素和群体层面的因素结合起来，综合考察它们对期望、意图和参与行为的影响，并且部分个体层面因素会对群体层面因素产生影响作用。他们提出了虚拟社区参与行为的社会影响力模型，其中包含了 5 种个人动机，分别是目的性价值、自我发现、维持人际联系、社会强化、娱乐价值以及两个群体层面的变量——群体规范和社会认同感（见图 2.3）。

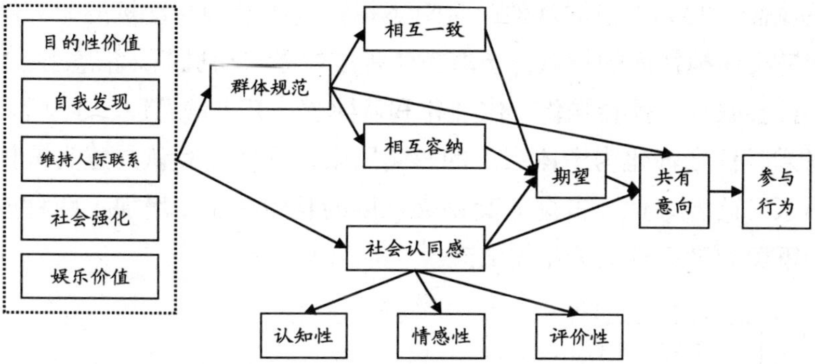

图 2.3 虚拟社区参与行为的社会影响力模型

Wang 和 Fesenmaier（2004）以旅游虚拟社区为例，通过实证研究提出了用户参与虚拟社区的动机模型（见图 2.4），虚拟旅游社区的参与主要受参与收益和贡献动机的影响。参与收益包括：①功能（信息、效率、便利）收益；②社会（信任、交流、认同、涉入）收益；③心理（归属、关系、连结）收益；④娱乐（消遣、趣味、享受、娱乐）收益。贡献动机分为：①工具性动机，寻求或者提供情感支持、交朋友、建立关系、群体承诺、表现身份、增加自信、自尊；②效能动机，满足其他人的需要，让别人觉得自己有所帮助，寻求或者提供建议，共享娱乐；③质量保证动机，控制所提供的产品或者服务的质量，保证服务的优越，提供产品建议；④身份动机，获取声望，获取社区的身份；⑤期望动机，获取与其他人在未来的交互，期望获取自己曾经帮助过的人的帮助。

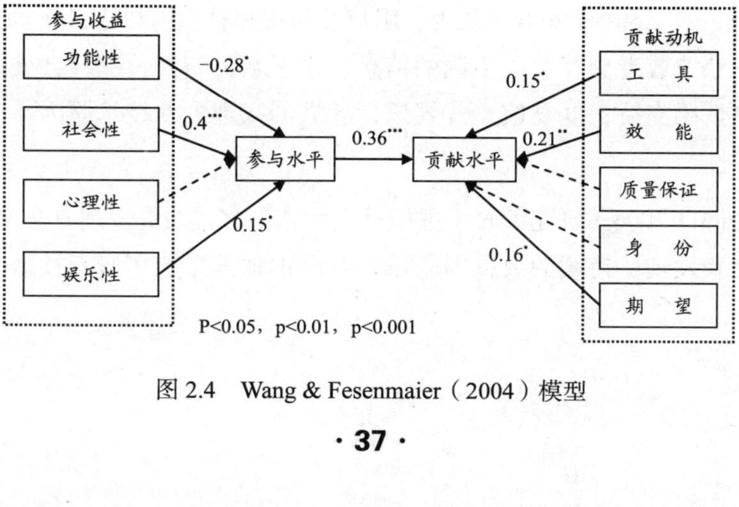

图 2.4 Wang & Fesenmaier（2004）模型

赵茂磊（2005）根据其他学者对虚拟社区成员参与动机的研究结果，结合非交易类虚拟社区的特点，选取了7种成员参与动机，即信息性、工具性、娱乐、社会联系、社会强化、内在化和认同感。其中信息性、工具性、娱乐、社会联系、社会强化为个体层面的影响因素，内在化和认同感为群体层面的影响因素。此外，他还根据非交易类社区的具体特点，增加了两种成员参与动机：审美和逃避现实（见图2.5）。

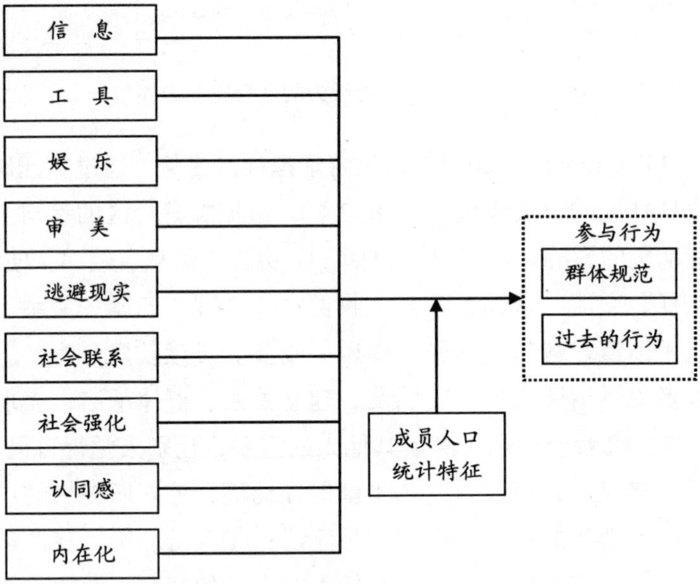

图2.5 赵茂磊（2005）模型

Ridings & Gefen（2004）认为，用户参与虚拟社区有以下几个原因：①信息交互，获取或者交互某一主题的信息，学习新的东西；②社会支持，获取或者提供情感支持；③友谊；④娱乐；⑤共同兴趣；⑥技术原因，虚拟社区的技术特性。

Madupu（2006）研究了6个虚拟社区的470名成员，发现有意义的价值、娱乐、自我发现、持续的成员间联系、社会加强是影响消费者社区参与的主要因素。

2.4　社会网络分析

网络概念是现代社会中的定义性范式之一。在过去的一百年里，网络思想被不断重复地应用于物理学、生物学、语言学、人类学、社会学以及精神疗法等不同的领域中。通过运用网络方法，研究者可以解释任何个体和单位在其所属的更大的活动空间中的互动。

社会网络指的是社会行动者及其间关系的集合，社会结构是建立在关系基础之上的。社会网络分析是一门对社会关系进行量化分析的艺术和技术，它是西方社会学的一个重要分支，它揭示社会联结和他们在个人生活及社会组织时产生的关系的模式和特点，是国外从 20 世纪三四十年代出现并且在最近 20 多年有重要发展的研究社会结构的最新研究范式和视角（刘军，2006）。

2.4.1　社会网络分析发展简史

社会网络分析是在人类学、心理学、社会学、经验研究、数学以及统计学领域中发展起来的，多个学科领域的学者们经过几十年的积累，使得社会网络分析成为一种比较成熟的、独立的社会科学研究范式。

根据马丁·奇达夫（2007）的划分，进入社会科学领域中的网络思想有 3 个主要来源。第一，受物理学力场理论发展影响的德国研究者。比如库尔特·卢因和弗里茨·海德里和雅各布·莫雷洛等，将网络概念应用于对社会互动的研究中。第二，运用数学方法研究社会互动的学者。这种趋势在库尔特·卢因的著作中就已经十分明显了。在美国，最早采用数学方法研究社会互动的是一群以图论（graph theory）为工具进行研究的学者，如卡特赖特和哈拉瑞（Cartwright & Harary, 1956）。后来，哈佛大学的哈里森·怀特（Harrison White）所领导的研究小组也采用了这样的方法。对数学的重视推动了社会网络研究从描述性研究转向分析性研究。第三，倾向于以人类学方法研究组织实际问题的研究人员。人类学家在探讨社会中复杂的人际互动关系时，发现传统角色地位的结构功能理论，无法解释实际的人际互动行为（Milardo，1988），因而必须寻求新的理论。人类学家巴恩斯（Barnes，1954）在对挪威某渔村进行社会结构的研究时发现，若单从正式的社会结构角色（如社会阶级、职业、地位）入手，是无法完全解释整个渔村的实际运作状况的，而以非正式的关系为基础（如亲属、朋友等）而形成的非正式网络关系，却能够解释此渔村内成员的互动行为。鲍特（Bott，1957）对社会网络进行了后续研究，但社会网络的概念并没有引起学者们的关注。一直到 20 世纪 60 年代后期，社会网络理论才逐渐被各领域学者所接受，并渗透到社会科学的研究之中（Wasserman & Faust，1994）。早期的社会计量学家以网络图代表小群体间的人际关系，并把数学中的图论引入社会关系的研究中。但这种方法只适用于极少数的，如二人、三人关系的研究，一旦研究的个体数超过十几人，图纸中的点和线就会变得十分复杂，从而推动了简明性的趋势。结果是随着研究范围的扩大，社会学家开始运用矩阵研究社会网络。矩阵的引入不但为研究社会中更多成员间的关系提供了可能，并且有利于在研究中应用计算机技术。例如 20 世纪 20 年代在霍桑工厂进行的“霍桑实验”（Hawthorne Studies），是首例运用社会网络图（sociogram）进行的研究。

从社会网络分析的发展历史来看，作者可以把它分为早期的思想萌芽期、20 世纪 30 ~ 50 年代的初步确立期，20 世纪 60 ~ 70 年代的快速发展和 20 世纪 80 年代以后的走向繁荣等 4 个阶段（齐心，2007）。

在早期的思想萌芽期，对社会网络最早感兴趣的是英国著名的人类学家布朗（Radcliffe Brown），他在对社会结构的关注中，以相对非技术的形式提出了“社会网络”的思想（布朗，潘蛟等译，1999），他所探讨的网络的焦点在于文化是如何规定有界群体（bounded group，如部落、乡村等）内部成员的行为，没有考虑到群体之间的复杂关系。而较为明确系统地表述网络思想的是德国社会学家齐美尔（Simmel），因此他被认为是社会网络理论的鼻祖。齐美尔在 1908 年发表的《社会学：关于社会交往形式的探讨》一书中把社会看成是相互交织的社会关系的观点被视为最早的社会网思想。他认为当一个人加入一个群体的时候，就会受到群体的约束，而群体的结构就是社会网络。因此，研究个体时不能从单个孤立的人出发，而应该从其所处的社会网络入手。并且，个人并不是作为孤立的个体加入网络的，而是将其他网络关系也带入现在的网络。他以二人关系和三人关系为例，阐述了社会关系的结构形式是如何影响人们的行为的。

20 世纪 30 ~ 50 年代是社会网络分析的初步确立期，也是真正进入实质性进展的时期。这一时期，存在 3 条时而并行、时而交叉的研究线路：社会测量学者，他们关注小群体，并且借助图论方法取得了许多技术上的进步；20 世纪哈佛大学的一批研究者则探讨人际关系的模式和非正式小团体的形成；再就是英国的一批人类学家对部落和乡村的“社区”关系结构展开的研究。这些研究路线在 20 世纪 60 ~ 70 年代重新汇聚起来，从而造就了现代社会网络分析。第一条研究路线中的学者主要由受格式塔理论影响的认知和社会心理学家组成。主要研究包括莫雷诺（J. Moreno）开创的社会测量学、勒温（K. Lewin）的群体场域理论和海德（F. Heider）对社会态度的研究，卡特莱特（Cartwright）和哈拉里（Harary）则是最早把图论这一数学工具引入对群体关系结构分析的人。莫雷诺的主要贡献是设计出一种“社会图式”（scoiogram），用来表示他所谓的“社会构造”（social configurations）的形式特征。人们一般也把莫雷诺创立社会测量学方法的时间作为社会网络分析的真正起点。第二条研究路线中带来了多项强调社会系统中的非正式人际关系重要性的实证研究，如沃纳（W. Warner）对扬基城（Yankee City）的研究。第三条研究路线中有许多经典研究，如伊丽莎白·鲍特（Elizabeth Bott）1957 年的著作《家庭与社会网络：城市百姓人家中的角色、规范、外界联系》，至今仍被社会学界视为英国社会网研究的范例。

20 世纪 60 ~ 70 年代，社会网络研究经历了一个由起步到兴盛的过程，哈佛大学的哈里森·怀特（Harrison C. White）是这一时期的关键人物，他通过培养大批学生，对社会网络分析理论的传播起了很大作用。Coleman 等（1966）对社会网络对信息传播、发明推广方面的影响进行了研究。Stanley Milgram（1967）提出了“六度分隔”的假说，他的发现也被称做“小世界现象”，引起了很多社会学家的浓厚兴趣。克兰（1972，刘君君译，1988）对科学社会学中的无形学院进行了研究。Granovertter（1973）提出了关系力量的概念，并依据交往时间的长短、交往过程的感情投入程度、交往关系的密切程度和活动的频繁程度将个人之间的关系分为强关系和弱关系，并提出了著名的“弱关系力量”的假设。自 20 世纪 70 年代开始，社会网络分析开始用于组织行为学和组织间关系的研究中。网络分析学家认为个体的活动大部分取决于其所联结的更大的社会关系网络。通过运用网络方法，研究者可以解释任何个体和单位在其所属的更大的活动空间中的交往互动。Breiger（1976）对职业流动做了相关研究。Laumann & Marsden（1979）对社区精英决策网络进行了研究。

20 世纪 80 年代以来，社会网络分析已经应用到许多社会科学研究领域。Granovetter（1985）提出了嵌入性概念，重新将社会网络理论的思路引入了社会学的主流研究中。White（1981）提出了市场网络理论，他认为市场实际上视厂家为一个群体，相互观望、相互模仿，不断再生产他们之间的网络结构的一个过程，因此，网络关系导致了市场的产生。Wellman（1990a，1990b，1992，1999）等人对社会支持网做了一些研究。Litwin（1996，1998）主要对老人社会网进行研究。Markovsky 等（1993）对交换和权力做了相关研究。Burt（1992）首次提出社会资本的多寡与关系强弱没有必然的联系，但与结构洞的存在紧密相关。Lin Nan（2001）从社会资本角度研究社会网络，他的理论被称为社会资源理论。

经过七十多年的发展，社会网络研究的规模不断扩大，应用领域不断拓展，不仅在社会学领域，而且在经济学、政治学、心理学、教育学等社会科学领域，乃至自然科学领域，都获得了广泛的应用。

2.4.2 社会网络分析的视角及方法论原则

社会网络分析把社会网络视为结构，对社会网络进行定量的分析，从网络结构的角度解释社会行为。社会网络分析的核心是检查人们的静态关系模式，并研究关系的成因与结果（Tichy，1980）。网络结构观把人与人、组织与组织之间的纽带关系看成是一种客观存在的社会结构，分析这些纽带关系对人或组织的影响，主要体现在以下 5 个方面：第一，网络结构观将个体按其社会关系分成不同的网络；第二，它看到的是个体与其他个体的关系（诸如亲属、朋友或熟人等）；第三，网络结构观分析人们的社会关系面、社会行为的嵌入性；第四，它关心人们对社会资源的摄取能力；第五，网络结构观认为人们在其社会网络中是否处于中心位置及其网络资源多寡、优劣具有重要意义。从网络结构观出发，网络结构和个人在结构中的位置可以解释人们的社会行为，因此在研究组织中的个体时应从其所处的社会网络角度入手，研究行动者之间的关系。而个体进入群体时，即受到群体的自由和约束之间的关系的影响，进而产生群体的互惠关系（周雪光，2003），而博特（Burt，1992）基于网络与个人的双重性的探讨对网络中个体自由的意义做了更进一步诠释：网络中的自由并非与他人毫无关系、可以为所欲为，而是指与他人有独特且具体的关系。因为当个人加入各种网络时，可以从中彰显出个人特性。社会网络分析不仅针对社会结构提出了一种关系论的视角，更是发展出一整套系统地测量、分析社会系统各部分之间的关系及收集有关资料的方法和技术。但目前的网络分析手段在处理大型、动态、多层次网络上仍然面临许多困难，限制了研究的深度和广度。

社会网络分析有其独具特色的方法论原则，Barry Wellman（1988）提出的五点原则为研究者所公认。

1．世界是由网络而非群体构成的

网络分析者并不假定有严格边界的群体是大规模社会群体的基本构件。相反，他们提醒人们注意的是，在由多种关系网络交叉组成的社会系统中，如果仅仅对边界群体进行描述，就会使复杂的社会结构过于简单化。如果从网络而不是群体出发，既可以分析尚未形成群体的网络，也可以分析已经形成群体的网络，可以把世界看成是网络的结构，把行动者之间的关系看成是资源流动的渠道，从而可以通过分析发现复杂的资源流动网络，而不是简单的分层结构，因而具有较大的选择余地和较大范围的适应性。

2．规范产生于社会关系结构系统中的位置

主流社会学家把人看成是根据内在化的规范做出行动的个体。当具有类似属性的个人以类似的方式对共同规范做出反应时，他们就认为发现了社会学的规律性。与之相反，网络分析者首先从个人和集体实际上如何行动的规律中去寻找解释，用结构对活动的强制来解释行为，而不应该用假设的内驱力来解释行为。因此，他们把规范看成是结构位置的结果而不是原因。

3．结构化的社会关系是比社会成员的属性更为有力的社会学解释源头

许多主流社会学研究把社会结构和过程看成是个体行动者的个人属性的综合。每种属性都被视为一个独立的分析单位，并与其他类似属性聚合为一种社会类型。这种分析把个体归为具有相同属性的类型，而忽略了个人所处的关系结构。他们认为社会行为是由于个体具有共同属性，而不是由于他们卷入了结构化的社会关系这一事实。网络分析者则认为，行动者既属于一定的类别，又处于一定的网络之中，因而不能仅仅考察行动者的属性，还应该关注行动者所处的关系网络。

4．社会关系决定二人关系的运作

许多社会学家把二人关系看作最基本的分析单位，而不考虑网络中其他联系的性质和他们之间相互结合的方式。网络分析者则认为只有在结构的背景下才能理解二人关系，因为社会结构的特征极大地决定了二人关系发挥作用的环境。社会结构特征决定了二人关系运作的形貌。绝大多数个人是在社会结构创造的框架中选择伙伴的，如亲缘群体、同事、邻居等。一旦发生关系，社会结构同时影响各种资源在特定关系中的配置。因此，个人不但不可能完全自由地选择伙伴关系，而且关系的维持也跟二人关系赖以生存的社会结构有关。二人关系只是作为社会结构的一部分才有意义。

5．结构方法补充和替代了个体主义方法

虽然社会学的统计方法日益向精密化发展，但基本观点没有变化，仍然把个体看作是独立的分析单位。传统的统计分析非常适合类型分析，它将个体与社会结构分离，迫使分析者将个体看作一群不相联系的大众的组成部分。网络分析者认为，行动者及其行动是相互依赖的，而不是相互独立的。因而应该把“关系”看成是最基本的分析单位，把结构看成是行动者之间的关系模式，分析行动者之间的关系，就可以深入地分析社会现象的关系本质。

Barry Wellman 指出，虽然社会网络分析遵循上述 5 点原则，但不同的研究在具体方法运用上又有所侧重。

2.4.3 社会网络分析的流派

从 20 世纪 60 年代至今，一些研究者借助于快速发展的计算机技术，采用社会网络分析方法研究人际关系，根据不同的学术背景和所采用的研究方

法的不同，社会网络分析理论被分成两个流派：整体网络研究流派与自我中心网络研究流派。

整体网络研究流派关注的焦点是整体网络，把结构视为一种客观存在，考察一个社会系统内所有组成单位之间的关系的综合结构或群体中不同角色的关系结构，研究结构对行为的影响。学者们感兴趣的是识别可以概化的结构模式，而对网络的功利性、人的主观能动性等问题不作更多关注。这一流派深受社会学，特别是齐美尔著作的影响，代表性人物是 Linton Freeman。整体网络研究的优势在于："它允许同时把社会系统视为一个整体和构成整体的各个部分，因此分析能够追踪信息的横向、纵向流动，确认其来源和目标，探究影响资源流动的结构强制性。整体网络分析者既为了自身的缘故研究社会系统，例如，系统是否是整合的，是否存在一个统治阶级；又分析一个系统的结构是如何影响其成员的态度和行为，例如他们探寻松散的网络是否会导致社会排斥的发生，或与两个子群有联系的个人行为不同于只与一个子群有联系的个人的行为"（Wellman，1988）。从这个角度研究网络，在数据收集上来看，整体网络分析方法主要使用提名选择法、参数选择法与循环选择法等；从数据整理上来看，主要采用矩阵法和社群图示法；从数据分析来看，主要采用矩阵解析、社群图分析法以及使用有关指数，如声望指数、中心指数加以标示。从数据处理采用软件来看，主要采用社会网络分析软件和社会测量软件，如 Pajek 和 Ucinet。

自我中心网络研究流派关注重点在于个体的自我中心网络，从个体的角度来界定社会网络，其所关心的问题是个体行为如何受到人际网络的影响，核心概念是网络的范围、密度、强弱联系等。这一流派深受布朗等人类学家的影响，代表性人物包括 Granovetter、Coleman、White、Lin Nan、Burt 等人。这个流派强调个人利用社会网络争取社会资源以获得地位的意义，从个体的角度来界定社会网。这些学者认为，每个人自己的网络关系影响着其行为和态度。整体网络分析虽然在理论上有许多优势，但在实际研究中并不总是可行的。比如，如果群体的界限不明显或规模过大，那么就难以应用整体网络分析方法。而自我中心网络则提供了一种替代性的方法。自我中心网络分析可以采用传统的抽样调查方法和统计分析技术，因而在研究方法方面遇到的困难要小，而且所得的结论可以推论到更大范围的总体。从数据收集与数据整理上来看，自我中心网络分析主要有角色关系和情感方法以及社会交换法。从数据分析与使用的软件来看，自我中心网络可以用 SPSS、SAS 等大型统计软件及社会网络分析软件和社会测量软件。

2.4.4 社会网络分析在虚拟社区方面的研究

社会网络分析理论可以作为一个框架来研究人们如何通过以计算机为媒介的网络进行彼此连接（Wellman, 1997; Wellman 和 Frank, 2001; Wellman., 1996）。Wellman 和 Frank（2001）认为，需要一个多层级的方法去理解以计算机为媒介的网络的互动效果的特征。这些特征包括网络的组成、网络规模、网络的范围、人们之间接触的频率、人际关系的密度、成员的特点，网络的历史、网络中可获取的资源。

社会网络分析理论被广泛地应用于研究许多网络，从生物网络到虚拟的工作团队，还被用于研究虚拟社区。Chau 和 Xu（2006）使用社会网络分析方法分析了在线 hate 群体的博客结构。Chin 和 Chignell（2006）利用社会网络分析方法识别了博客里的虚拟社区。Kumar 等（2006）在对 Yahoo、360 和 Flickr 网站的研究后认为这些社区被分割成三块区域：单身，没有加入到整个网络；孤立社区，呈现出星形的结构；大部分区域彼此相连而且不是星形结构。他们把用户也进行了归类：消极用户，鼓励线下朋友和熟人加入社区的邀请者，完全参与社会网络演变的连接者。John Warmbrodt（2008）在 VlogDIR 视频博客网站上对博客列表及博主的链接模式进行了社会网络分析，研究认为视频博客社区是个高度的去中心化社区，其网络结构为核心/边缘结构。Hampton 和 Wellman（1999），Haythornthwaite 和 Wellman（1998），Wellman 和 Haythornthwaite（2002），Boyd（2002），Smith 和 Kollock（1999），Schenkel 等（2000）做了大量的研究工作，定义了 5 种结构特性用于描述社区特点。它们包括：连接性、距离、密度、核心/边缘结构、核心。Teigland（2003）在比较和综合她先前的研究后指出，不同形式的虚拟社区在社会结构方面有显著的差异。Rafaeli 等（2004）对虚拟社区的不可见的参与人（潜水者）进行了关注，采用社会网络的视角去衡量当潜水者变成社区活跃的参与人时的个人活动。Crowston & Howison（2005）在开源软件项目类（OSSP）虚拟社区中，检查了 SourceForge 网站里 120 个项目团队子社区的网上活动记录，比较了不同项目子社区的中心势。他们推断出，那种认为所有的开源软件项目子社区与一个特定的社会结构相关联的假设是错误的，对 OSSP 类型的虚拟社区社会结构的审视提供了一个有趣的进一步研究方向。从实践意义来说，他们认为开源软件项目团队需要花费更大的努力来建立被认为是有利的社会结构。David 和 Ronald（2008）基于社会网络分析方法及相关研究，提出了支持 OSSP 类虚拟社区的四个成功要素的假设：①与其他社区进行高水平的链接；②在社区会话网络中的密度适当；③外围成员和核心成员在沟通方面的密度水平适中；④管理员和社区的其他人沟通密度为低水平，他们用超过 200 个 OSSP 子社区的样本量进行了验证。Merelo-Guervos 等人（2004）运用了可视化的方法绘制了 Blogalia 博客网站的神经网络图来研究 200 多个成员之间的信息传播特征。Kumar 等（2003）学者按照时间顺序观察了博客社区，并根据时间结点用模型表示了博客社区内链接爆发的情况，他们认为博客空间从 2001 年底开始迅速扩张，不仅体现在规模上，还体现在社区结构和连通性方面。Adar 等（2004）识别了博客是起始于“信息的流行病”并且用可视化的方法描述了信息在博客空间的“感染路径”。Marlow（2004）使用社会网络分析方法去识别“权威”的博客作者，并且用流行报刊的意见领袖和权威进行比较。Susan 等人（2005）重点关注博客空间以什么样的规模和方式相互连接进行实证研究。他们用定量的社会网络分析、链接模式的可视化以及定性分析等手段对成对出现的相互链接的博客的引用和评论进行了分析，研究显示了尽管其他组类博客更紧密地互相链接，但 A-list（最受欢迎的博客列表）上的博客获得了过多的关注并处于网络的中心。同时，样本里大部分博客之间的链接是松散的或者有些博客根本就没有和其他博客链接，他们认为博客圈是部分链接并且只有零星地会话。Tyler 等（2005）使用基于中间中心性的一种算法来自动发现 email 里的社区。Fisher（2005）使用自我中心网络和度数分析了 Usenet 里的新闻组从而寻找 Usenet 新闻组里的社会结构和会话结构。Efimova 等（2005）利用 Pajek 软件对知识管理博客的社会网络进行了可视化。

中国学者对虚拟社区的社会网络分析主要集中在博客这种类型上。叶新东、邱峰、沈敏勇（2008）利用社会网络分析方法，描述和测量教育技术博客类型的虚拟社区成员之间的关系以及社区结构特征、群体成员的地位和意见领袖地位的形成。陈向东、方群、唐辉云（2008）利用社会网络分析方法，对一个 Blog 虚拟学习社区——“东行记”进行量的分析，从网络密度、小团体、中心性等角度探讨了“东行记”的在线社会网络结构，并且对虚拟学习社区的建设提出了一些建议。黄少华（2008）借助网络图呈现了虚拟穆斯林社区的整体社会关系网络，并在此基础上，运用点度、中心度、中介性、密度与凝聚度等指标，具体分析和梳理了虚拟穆斯林社区的整体社会网络。研究发现，在中国穆斯林网站，虽然已经形成了一定规模的围绕某些核心 ID 和热门话题的互动关系网络，但就整体网络而言，虚拟穆斯林社区的关系网络主要是一种弱关系网络，呈现的是一种扁平化、去中心化的网络结构。周涛（2005）的硕士论文对新兴的网络虚拟社区平台——Wiki 的历史、特性和应用进行了介绍，除分析了 Wiki 用于虚拟社区知识共享的优点外，还利用 Wiki 建立了一个虚拟社区平台——Wentry 自由文集，采用社会网络分析方法研究 Wiki 社区中的网络关系联结，描绘出该虚拟社区的结构及使用者之间信息的流动，探讨网络关系联结规模、强度与社群满意度及忠诚度之间的关系。对于虚拟社群成员的社群参与动机、社群满意度及社群忠诚度和知识管理活动之间的关系，则采用了问卷调查的方法进行了验证。甘丹（2007）以新浪博客为例，对中国博客的社会网络状况进行了描述和分析。他利用社会网络分析法基于样本博客之间的互联情况从网络密度、网络可达性、点度中心度、网络中心势等众多方面做出了样本博客网络的性质描述，与此同时，辅以统计学研究方法，对样本博客自身的特征进行归纳分析，找到博客活跃性与网络中心性之间的内在关系，最后通过社会网络制图工具，将研究结果进行可视化呈现。

从以上的文献综述可以看出，应用社会网络分析方法研究虚拟社区领域的历史相当短，特别在中国这一两年才出现。许多关于虚拟社区的社会网络研究是探索性的、描述性的。一些学者提出使用社会网络分析方法来识别虚拟社区，然而，哪种方式能对社区不同方面进行最有效的衡量并没有达成普遍共识。从虚拟社区的研究类型来看，无论国内还是国外，社会网络分析方法主要应用在博客，在虚拟社区其他类型方面的应用非常少。因此，本书将利用社会网络分析方法对新兴的关系型虚拟社区进行研究，探寻其性质和结构。

2.5　虚拟社区的价值评估

2.5.1　网络信息资源评价

关系型虚拟社区从本质上仍然属于一种网络信息资源，只不过这种信息资源是由用户主动生成的。网络信息资源主要包括网站信息资源和网页信息资源。网站信息资源包括网站（不包括站内所含的具体信息）和站点信息（网站所发布的具体信息）；网页信息资源包括页面（不含具体信息内容）和网页信息。因此，评价对象有两个方面：一是具体的网上信息（包括信息的内容属性和存在的形式、状态、附件等外部属性），二是网站、页面（即信息的载体）（陆宝益，2002）。

国外学者对网络信息资源评价的研究起步比较早，始于 1995 年（孙瑾，2005）。美国学者 J.Retting 提出了网络信息资源评价指标研究的必要性，但最初的评价指标主要是沿用传统的评价印刷文献的一些标准。经过近十几年的发展，无论是定性还是定量方面，相关研究都比较成熟。

定性研究方面有以下几种代表性的观点。

Wilkinson 等（2004）建立了 0ASIS 评价体系，其评价标准包括 5 个方面：客观、准确、来源、信息力、范围。Kapoun Jim（1998）以表格方式提出了评价 Web 信息（源）的 5 条标准：①准确性（作者联系方式、文献的写作目的、作者的资格）；②权威性（出版机构的性质）；③客观性（页面的目的、偏向性、广告的目的、作者的观点）；④传播性（创作时间、更新时间、链接的可靠性）；⑤覆盖面。David & Alison（2004）提出了 8 项指标：①权威性；②信息来源；③范围和论述；④文本格式；⑤信息组织方式；⑥技术因素；⑦价格和可获取性；⑧用户支持系统。

Harris Robert（1999）提出了 CARS 检索体系，由 4 个方面组成，即置信度（Credibility）、准确性（Accuracy）、合理性（Reasonableness）、支持度（Support）。美国乔治大学 General Wilkinson 等人（2004）在《评价标准和质量指示列表》中提出了网络信息资源评价的 11 个大类 125 个质量指标：①可检索性和可用性；②信息资源的识别和验证；③作者身份鉴别；④作者的权威性；⑤信息结构和设计；⑥信息内容相关性和范围；⑦内容的正确性；⑧内容的准确性和公正性；⑨导航系统；⑩链接质量；⑪美观与效果。

新西兰惠灵顿维多利亚大学的 Alastair Smith（2004）提出的评价标准被广为引用，其评价指标包括：①包含范围；②内容性质；③图像和多媒体设计；④目的与受众的明确性；⑤其他媒体的评论；⑥可使用性；⑦获取费用的高低。

国外在对网络信息资源评价方面最具代表性和总结性的是 Besty Richmond（2004）提出的评价网络信息资源的 10C 原则，即内容（Content）、置信度（Credibility）、批判性思考（Critical Thinking）、版权（Copyright）、引文（Citation）、连贯性（Continuity）、审查制度（Censorship）、可连接性（Connectivity）、可比性（Comparability）、范围（Context）。

定量研究方面，主要包括网络计量法、链接分析法。

丹麦学者 T. C. Almind 等人首次提出了“Webometrics”（网络计量学）概念，随后网络计量学方法逐渐被运用到网络信息资源评价方面，特别是用于对网站的评价。

Peter Ingwersen（1998）借鉴传统的文献计量学中期刊影响因子的思想，提出了“网络影响因子”的理论（Web Impact Factor，Web-IF），成为网络计量学的一个重要分支。自此，各国学者都围绕 Web-IF 开展了大量研究。

Alastair（1999）对澳洲和新西兰 42 个大学网站以及 22 个电子期刊的网络营销因子进行了研究，其研究不仅证实了 Ingwersen 的研究，更重要的是对后续的 Web-IF 在网络信息资源的评价中造成了巨大影响，成为网络信息资源评价的一个重要标准。

网络链接研究是网络信息资源评价研究中的核心内容。网络信息资源之间联系的桥梁是网络链接，它在形式上反映的是网络信息之间的引用关系。Allison（1995）利用 Inktomi crawler 收集了 260 万个网页，通过对网页链接的分析，筛选出被链接频率最高的网站。Ronald Rousseau（1997）建立了利用搜索引擎确定核心网站的方法。Robert C. Vreeland（2000）对 156 个法律图书馆网站的影响力进行了研究，其中 luminosity 被用来表示某网站指向其他网站的链接的数量，visibility 代表某网站被其他网站链接的次数。基于链接分析的评价指标通常包括：网站链接总数、指向内部的链接数、指向外部的链接数、被链接网站数。基于链接分布特征的衡量指标包括：链接密度、页面平均链接数等。

国内学者对网络信息资源的评价研究在 1998—2000 年不是很多，随着 2000 年后互联网在我国的迅猛发展和网络信息资源的日益膨胀，在这方面的研究也进展了一大步。

我国学者对网络信息资源的评价研究始于 1998 年，蒋颖（1998）提出了因特网学术资源的特点和评价的意义、印刷型文献的评价方法的准则、因特网学术资源的评价工作、网上学术资源评价标准及评价方法。

孙兰和李刚（1999）第一次系统地提出“网络信息资源评价指标”这一概念，并具体阐述了网络信息资源的特点、评价主体和评价指标，主要以介绍国外研究内容为主。

董小英（2000）认为可以利用 9 项评价标准来进行网络信息资源评价，即信息的准确性、信息发布的权威性、提供信息的广度和深度、主页中的链接是否正确、可靠和有效、版面设计质量、信息的时效性、读者对象、信息的独特性和主页的可操作性。

黄奇和郭晓苗（2000）提出了网站评价的思想以及模拟的综合评价指标体系，开创了国内建立指标体系的先河。

邱燕燕等人（2001）基于原有定性指标，运用层次分析法建构网络信息资源评价的层次结构模型及评价体系。

苏广利（2001）对网络信息资源的评价研究从网络信息资源的内容与形式两个方面进行。其中内容评价包括完备性、针对性、可靠性、权威性、原创性、新颖性；形式评价包括美观性、条理性、查检性、帮助性、快捷性、稳定性、低耗性。他认为内容反映网站的本质特征，是最重要的评估要素，而反映外部特征以及操作使用等方面的指标，是为提示内容服务的。因此，在进行信息评估时，把内容评价作为评估的重点。

李爱国（2002）等学者参照印刷型信息资源的评价标准，认为网络信息资源的评价应从以下几方面考虑：①互联网上信息资源覆盖的范围，包括宽度、深度、时间、格式）；②内容，包括内容的准确性、权威性、通用性、唯一性和文本质量；③图形和多媒体设计；④目的与用户群；⑤评论；⑥便利性，包括用户友好性、需要的计算机环境、检索、浏览和组织、互动性、连通性等评价指标；⑦费用。

张咏（2002）提出了比较全面科学的网络信息资源定性评价标准体系，他将网络信息资源评价指标分为 3 个层次，分别是基本要求指标、主题领域要求指标、用户专题要求指标。并提出了比较具体的评价标准，包括：①可信性（权威性、目的性、公正性/利益倾向性、内容相关性及效用性、质量控制）；②信息内容（准确性、完整性、时效性与存档性、信息组织与写作）；③链接质量（链接内容、链接的表现形式）；④易用程度（界面友好性、查询与检索性能、交互性能）；⑤站点美观和多媒体设计；⑥反馈与交流；⑦可达性。

陆宝益（2002）结合他人的研究成果在调查分析的基础上，提出了两个层次 27 个评价指标的评价体系，该体系包括定性评价和定量评价。其中定性评价指标包括信息内容所涉及主题的深度和广度；引用数据或来源的准确性；表达观点的客观性；创新性；稳定性；安全性；系统导航；责任者；信息来源；文字格式；用户界面友好性；对用户技术要求；外观设计和信息媒体形式等。定量指标包括更新频率或最后修改日期；信息组织层次；响应进度；价格；链接情况；被下载次数和被访问次数等。

王韬、敬卿（2003）根据因特网信息资源产生、组织、传递与使用的独特性，提出的评价指标具体包括：内容的准确性、权威性、新颖性、独特性、稳定性、创作目的；设计方面的组织层次的合理性、用户界面的友好性、交互性；可用性和可获得性方面的链接、对用户的技术要求、传输速度、检索功能。

金越（2004）把网络信息资源的评价指标分为网页内容信息资源的评价指标和网站相关信息资源的评价指标两大类。其中，网页内容信息资源的定性评价指标包括全面性、正确性、权威性、适用性、时效性、独特性等，网页内容信息资源的定量评价指标（覆盖率）；网站相关信息资源的评价指标包括链接性、稳定性、创建者、目的用户、多媒体设计、交互性、费用、安全性等。

对国内外网络信息资源评价方面的文献进行研究后，作者发现尽管国内外学者进行了大量的探索，但这些研究均存在不同程度的问题，比如指标体系并不完整，偏重于定性指标，缺乏定量指标，指标的含义不清晰，指标适用对象模糊等。不过，这些研究仍然为本书对关系型虚拟社区个人空间的价值评价提供了基础，有助于本书从网络信息资源的角度来理解其价值所在。

2.5.2　虚拟社区评价研究

尽管很少有研究关注关系型虚拟社区的商业价值，但是已经有一些学者在虚拟社区的绩效评价方面做了一些工作。Preece 等（2004）指出有些衡量虚拟社区成功的指标是非常容易观察并测定的，比如一定时期内虚拟社区的注册人数、参与人数、信息张贴数、阅读数、回帖数等。但是仅有这些指标是不够的，虚拟社区成员参与虚拟社区的意图等方面也可以作为评估社区绩效的基础指标。他们还在分析前人评价方法的基础上提出了两种对虚拟社区的评价方法，即多层次的评价方法和探索式的评价方法，这两种评价方法都是建立在对成员需求研究的基础上的。国内互联网实验室（www.//chinalabs.com）对即时通信虚拟社区建立了一套指标评价体系，这些指标包括功能、操作方便性、稳定性、传输速度、客户服务质量等，但是这些指标只从系统质量和系统服务的角度进行衡量，没有考虑到虚拟社区成员方面。

Williams & Cothrel（2000）提出测定虚拟社区的 3 个维度，即投资回报率（ROI）、社区健康程度、社区内部情况。投资回报率维度是从经济或财务的角度来测定虚拟社区；社区健康程度是从社区活动方面，如成员数量、帖子数量等能够量化的指标来评价虚拟社区；社区内部情况维度主要从社区内部成员参与话题的角度来测量虚拟社区的绩效（见图 2.6）。

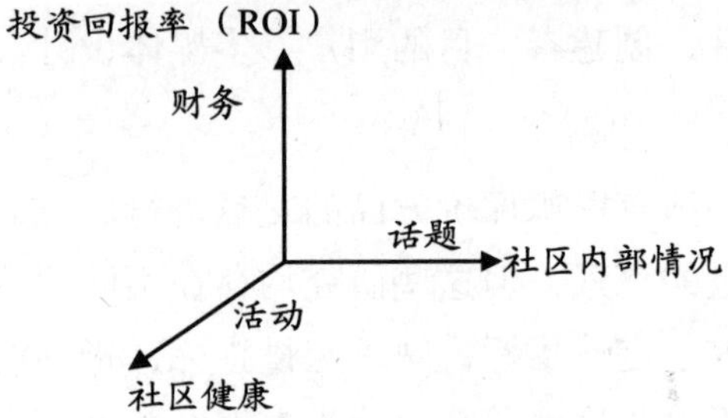

图 2.6　虚拟社区评价的 3 个维度

Schraefel & Chignell（2000）从用户使用性的角度对虚拟社区进行评价，他们借鉴 Jakob Nielsen（1994）提出的 10 个探索性因子和 Garzotto & Matera（1997）的 SUE（Systematic Usability Evaluation）方法，提出了衡量虚拟社区的 6 个维度，分别是结构、导航、属性、使用者控制、布局、功能性。详见表 2.5。

表 2.5　评价虚拟社区的 6 个维度

维　度	解　释
结构	虚拟社区内容组织结构
导航	使用导航链接探索虚拟社区结构
属性	虚拟社区功能和链接的属性
使用者控制	使用者对可使用的交互部件的控制
布局	使用者看到的虚拟社区的布局，比如版面设计与可见求助
功能性	部件的功能性以及需要努力的程度

Preece（2001）用定性的研究方法提出了评价虚拟社区绩效的指标体系，他们主要从虚拟社区的社会性（Sociability）、可用性（Usability）两个方面进行评价。参见表 2.6。

表 2.6　评价虚拟社区的两个维度

维　度	主要方面	解　释
社会性	目的	虚拟社区内部共享的焦点（如兴趣、需要、信息、服务或支持），使得用户愿意认同并参与虚拟社区

续表

维　度	主要方面	解　　释
	规则	形成虚拟社区历史感的共同语言、被默认的协议以及被大家共同接受的社会规范
	人	在虚拟社区里相互交流并被其他人、组织和社会需要的用户，每个用户扮演的角色并不相同，比如领导者、主角、演员、协调者等
可用性	对话与社会交互支持	支持交互的提示与反馈；对执行命令的简化；对在虚拟社区中建立关系的简化等
	信息设计	虚拟社区内信息阅读的难易程度、可理解程度、审美程度等
	导航	对虚拟社区用户寻找所需信息的简化程度
	入口	下载和使用虚拟社区软件的指导和清晰程度

2.5.3　互联网公司价值研究

在对互联网公司价值评估中，比较有代表性的评估模型主要有：市盈率模型、价格销售比模型、市值销售比模型、经济附加值模型、市值比访问量模型、营销回报模型、折现现金流量模型等。

市盈率模型。市盈率模型又称康贝尔·席勒模型，是由哈佛大学的约翰· Y·康贝尔和耶鲁大学的罗伯特·J·席勒教授共同建立的一种价值评估模型。传统行业的市盈率 = 股票价格 P / 每股净利润 E。它以行业平均的市盈率水平基本不变为前提，根据公司的收益和市盈率来确定公司价值。对于已经开始盈利的网络公司，可以先根据公司的成长率估算出公司第二年的税后利润，再乘以本行业平均的市盈率水平，即可求得公司的价值水平。美国华尔街著名的证券分析师亨利·伯罗杰（Henry Blodget）对市盈率模型进行了修正。该模型的贡献在于没有使用整个市场平均市盈率作为估值标准而是将市场全部的网络股票按照发展速度划分为 3 类：一类是传统的成长较慢的公司的股票，这类股票的市盈率较低，一般在 10 倍左右；一类是高成长的科技网络公司的股票，这类股票的市盈率较高，一般在 75 倍左右；第三类公司则介于以上两个极端之间。据此，Blodget 给出了一个市盈率区间，并将所估计的公司的预期利润（包括市场容量 X、销售份额 X 和销售净利润率）分别乘以市盈率的两个极端值，从而得出了公司的市值区间，再除以流通股数就得到了股价的区间（郭蕾，2006）。

价格销售比模型是指运用股价与每股销售收入的比值来估算股票的价值。该模型是目前对网络企业进行价值评估时较为常用的一种估价模型。主要原因在于：该模型在任何时候对企业都适用，不会因为企业出现亏损而使评估值变得毫无意义；与利润和账面值不同，销售收入不受折旧、存货和非常性支出所用的会计政策的影响，因而较为客观；该模型不易变，因而对评估来说更可靠。但此模型存在一些弊端，假如公司在成本控制上出现问题，则对利润有影响，而不会反映到销售收入上，因此可能会对企业产生错误的估价（黄江红，2006）。

市值销售比模型指运用股票市值与销售收入的比值来估算股票的价值。该模型是在市盈率模型的基础上进行的改进。虽然销售收入在很大程度上能表明未来利润，但投资者本身也许更关注现金流而不是销售收入，但对于大多数通过股权融资的互联网公司来说，现金流在相当程度上是等于收入的。因此在互联网公司没有盈利的情况下，采用收入作为衡量其业绩的指标是合理的。因此，根据这一指标，只要互联网企业的销售额即市场份额能够高速增长，公司价值也就能随之增加（John，周金泉译，2004）。

经济附加值模型。经济附加值（EVA，Economic Value Added）是一个公司扣除资本成本后的资本收益，它是从股东的角度来考虑公司的价值的。一个公司只有在其资本收益超过为获取该收益所投入的资本的全部成本时才能为公司的股东带来价值。所以经济附加值越高，则公司的价值越高，意味着股东获得的回报也就越高。将该模型引入到互联网企业价值评估的是美国证券分析师查尔斯·R·沃尔夫，他对该模型进行了修正，并指出经济附加值并不是只单纯解释利润增长，而是当一个公司赚取了超过其资本成本的经济利润时才有其公司价值的增长。他认为运用经济附加值模型对网络企业价值进行评估的核心在于网络企业拥有的市场价值，它等于公司股票价值和股票数量的乘积。公司的市场价值应该由当前价值（无增长时的市场价值）和未来增长价值（期望增长价值的贴现值），如果能够确定当前运营价值，就能估算出其暗示的未来增长价值，就能够得出隐藏在其背后的收入增长率，从而能够对公司能否达到该收入增长率做出判断（李建良，1999）。

市值比访问量模型又称为客户价值法。对互联网公司的价值评估，除了传统的财务指标以外，网站的流量是一个应用比较普遍且比较关键的非财务指标，把流量和价值联系起来不仅仅是因为它能够预测未来的收入，而且它是衡量网站在创造网络效应方面商业能力的一个非常重要的指标（Shivaram、Suresh 和 Mohan，2000）。它充分考虑了互联网行业的特殊性和一些财务指标的难获得性，采用互联网行业特有的指标，从用户的角度对互联网公司的价值进行评估，该方法是由证券分析师 Steve Harmon 提出的。该模型运用市值总值与该网站访问人数的比值来分析估算网络股的合理市场价值。市值用评估时的股价乘以流通股数得出，该网站访问人数指标是指网站自发布以来累计接受访问的人数，也可以用其他具有类似意义的数值来代替，如点击率（Hits，在一定时间段内访问某网站的人次）、停留时间（指用户在网站停留的时间）、浏览页数（Page views，指用户进入网站后进入的子页面的数量）、超链接数（Hyperlinks，本网站与其他网站链接的数目）（周金泉，2006）。

营销回报模型是基于营销支出所产生的收入和利润回报是网络股估值的基础，营销回报越多，该公司股票的投资价值就越高，营销回报越低，该公司股票的投资价值就越低，该模型充分显示了营销效率对于网络公司价值的重要性（陈松劲，2002）。

折现现金流量模型（DCFM）又被称为折现现金流量估价法，最早由 John Burr Williams 提出，但真正使这一概念在财务管理中得以重视并广泛运用的是著名财务学家 Myron J. Gordon。该模型是基于公司的价值应当与公司预期在未来所产生的全部收益（现金流）的现值之和相等这一原则，根据公司目前现金流量的增长率分别预测公司未来各期的现金流量，并予以折现从而得到互联网公司目前的估计价值。折现现金流量法以现金流量预测为基础充分考虑了公司未来创造现金流量的能力对公司价值的影响（王巍、吕发钦，2000）。

随着社会主义市场经济的形成以及证券市场的建立，我国产权交易的日益活跃，企业价值评估也逐渐重要起来。但是，由于价值评估在我国发展的历史比较短，因此在理论上国内的价值评估理论主要借鉴国外的研究成果，在实践操作上则偏重于依赖账面价值基础。如果说“科恩风暴”以前的网络价值理论方面的研究还颇具成效的话，网络评估方面的独到研究就非常少了。目前网络评估方面主要在于介绍国外的最新研究或者应用成果。“科恩风暴”以后，国内也转入了对于网络经济的冷静思考。这一段时期，关于网络价值理论方面的探讨特别丰富。比较有代表性的如吴叔平《电子商务的价值链与盈利模式》、方兴东《传统产业的互联网命运》、胡延平《2000—2001 年中国网络经济发展生态报告》。这些专著或论文无一例外地指出：互联网力量的真正主体还是体现在传统产业转型之中。在网络评估方面，这一时期的研究已将重点转入了盈利能力的分析。何滨（2001）提出了可以用市场需求的细分来作为分析网络价值的研究方向的观点。也有的研究者试图建立起网络企业的增长模型，并根据该模型预测网络企业的未来收益（沈洁，2001）。互联网实验室（2001）推出一套网络企业价值评估的框架，着重强调影响网络企业价值的重要因素。完善的评价体系有待进一步的研究后推出。在传统指标体系之外，网络投资项目的评估需要具有本行业特征的评价指标。指标可分为两类：一类是基础性指标，如市场份额、商业模式以及收入的增长等；第二类指标与网络项目的收入模式密切相关，基本分为，以广告收入为主，以会员费收入为主等模式，收入模式差异对网络投资项目的价值大小有着重要的影响。帅青红（2005）运用基于客户生命周期价值理论的 CVBC 模型来评估企业的价值，比较客户的企业价值与企业的市场价值进而评估企业价值，它本质上是延伸了客户生命周期价值理论的思想，进而与传统的财务会计评估企业的价值方法相结合，评估大部分互联网、电子商务企业在成立初期都没有盈利或盈利甚少的情况。该方法的局限性在于企业必须拥有大量关于企业客户的周期或季度的数据。如果说只有有限的几个周期的数据，预测的结果可能是不准确的；另外 CVBC 模型中假设公司的客户保持率是一个定值，是不变的，这与实际是相违背的；并且忽略了获取新可户的成本、客户保持率、客户的边际价值和公司的客户数量之间的联系。多数文章则仅仅指出了研究的方向或者仅仅是进行了定性指标的分析。网络企业的价值评估远没有形成一个方法体系。作为新兴产业，互联网自身的很多特征、发展规律、经营模式、价值决定因素等经济问题还有待进一步研究和探讨。互联网公司的发展瞬息万变，经营状况具有很多不确定性，如何确定哪些评价模型的假设条件可以满足，从而选择适当的估价模型，这是一个比较重要的问题。

综上，可以借助上述 3 个方向的研究成果用定量的方法来构建基于关系型虚拟社区个人空间的商业价值评测体系和该类型社区的商业价值评价模型。

第3章

关系型虚拟社区用户参与机制分析

随着互联网用户的增加，越来越多的在线商务和互联网服务提供商建立了虚拟社区以作为通过基于互联网技术发展新的社会关系的方式（Nie，2001，Matei，2004）。为了理解虚拟社区的重要性，研究者们花费大量精力去探寻虚拟社区对互联网用户的影响，而一个主要的公认的影响是强化了互联网用户的线上经历。Igbaria 等（1998）认为虚拟社区不仅是促进信息、知识的共享，它对在线商务活动有着显著的影响。许多互联网用户使用虚拟社区来分享数据、合作研究、交换信息（Wang et al，2002），这些行为会形成口碑效应，对在线营销和电子商务活动具有非常重要的影响力。关系型虚拟社区是基于人际关系、社会关系网络建立起来的，它把用户的社会关系和信任沉淀了下来，因此它对在线商务活动的影响比一般类型的虚拟社区更大。比如，百度搜索引擎互联网公司就建立了“百度空间”，“百度空间”是基于虚拟关系建立的关系型虚拟社区，尽管“百度空间”本身不创造什么利润，但是它为百度公司的主营业务模式百度搜索引擎提供了大量的注意力，并将这些注意力通过搜索引擎业务转变成了现金流。关系型虚拟社区对在线商务活动的重要性使大量公司和个人建立这种类型的虚拟社区，使互联网用户的争夺更加激烈，因此，对关系型虚拟社区用户参与机制的研究就显得非常必要和重要。根据第 2 章对虚拟社区用户参与机制文献的整理，作者发现研究关系型虚拟社区的参与机制的文献比较缺乏。鉴于此，本章将重点研究关系型虚拟社区用户的参与机制。

本章从价值感知、社会影响力、信息系统质量 3 个方面构建了一个系统的结构方程模型，利用调查问卷的方式，研究两种不同类型的关系型虚拟社区用户的参与机制。

3.1　用户参与机制研究的模型背景

虚拟社区是一个新的商务沟通渠道，它允许互联网用户与商务活动的主体进行沟通，从技术的角度考虑，它是基于互联网信息系统的一种形式（Wachyer，2000）。越来越多的研究认识到由技术支撑的社会化互动是虚拟社区的关键成功因素（Preece，2000；Garret，2004）。Johnson（2001）认为充足的技术支持和在线沟通技术是虚拟社区成功的关键。Koh 和 Kim（2004）认为技术维度对刺激虚拟社区的使用非常有用，因为它能够鼓励用户去解决冲突和有利于优质的讨论。Delone 和 Mclean（2003）改进的信息系统（IS）成功模型提出了系统质量、信息质量和服务质量会影响用户的满意度和行为意图，进而影响用户对信息系统的使用。Bagozzi 和 Dholakia（2002）从营销的角度识别出两种社会影响力变量：群体规则和社会认同，它们会影响用户参与虚拟社区。Dholakia 和 Bagozzi（2004）以社会心理学、传播学的相关模型与概念建立了社会影响力模型去研究用户参与网络型和小群体型虚拟社区的行为机制。因此，作者从技术的角度和社会心理学、传播学的角度，采用沿袭信息系统成功模型的 WKC 成功模型和虚拟社区参与行为的社会影响力模型作为理论框架去研究关系型虚拟社区用户的参与机制。

3.1.1　WKC 成功模型

WKC 成功模型（图）是 Hui Lin 等（2007）在信息系统成功模型（IS Success Model）和 Preece（2001）的社区成功框架的理论基础上形成的。

最初的信息系统成功模型是由 Delone & Mclean（1992）提出的，他们认为信息系统的成功因素有系统质量、信息质量、使用、使用者满意度、个人影响与组织影响。系统质量和信息质量会对信息系统的使用与使用者满意度造成影响（见图 3.1）。

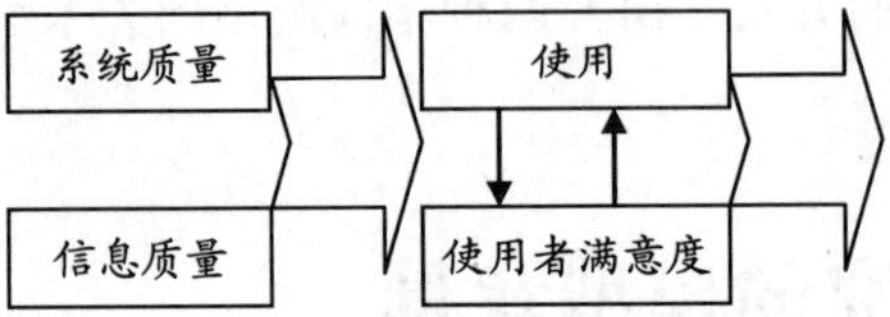

图 3.1　Delone & Mclean（1992）信息系统成功模型

Pitt，Watson & Kavan（1995）为了验证信息系统支持作用的重要性，认为 Delone & Mclean（1992）的信息系统成功模型需要加入服务质量，服务质量与系统质量、信息质量共同影响系统的使用以及使用者满意度，如图 3.2 所示。

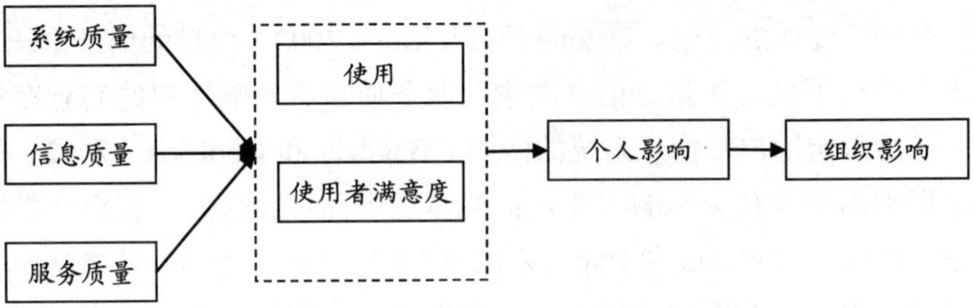

图 3.2　Pitt、Watson & Kavan（1995）信息系统成功模型

Delone & Mclean（2003）改进了他们先前提出的信息系统成功模型，并认为新模型更加适用于电子商务的环境中。他们的改进包括：①同意 Pitt，Watson & Kavan（1995）的观点，在新模型中加入了服务质量；②在先前的模型中使用“影响（Impact）”一词，因含有正向与负向的意思，容易造成概念上的混淆，从而他们采用了 Seddon（1997）的净利益（Net Benefit）来描述使用信息系统所造成的正向与负向影响的结合（见图 3.3）。

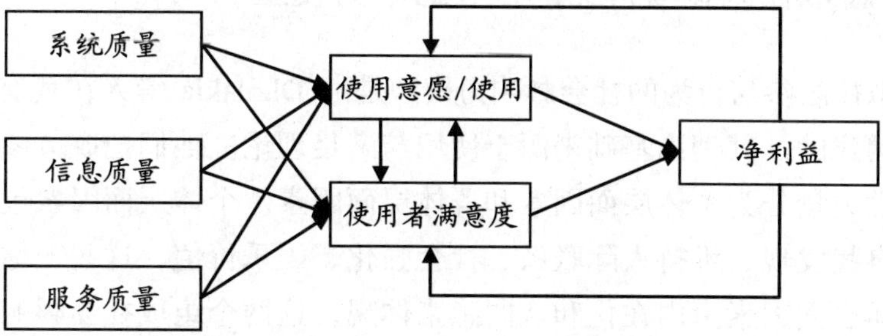

图 3.3　Delone & Mclean（2003）信息系统成功模型

除了系统和网站的特性，作为一个成功的虚拟社区，其关键在于网民之间的社会化互动。鉴于此，Preece（2001）基于社会性和可用性建立了一个评估线上社区的社区成功框架模型。可用性指的是社区的技术因素及其对用户在线上社区内学会使用和进行互动的容易程度和直觉性。社会性的关注点是促进网民互动及与开发软件、制定政策以支持在线的社会化互动有关。本质上，可用性是与用户如何与技术互动，而社会性是用户如何通过技术支持系统和人们之间的彼此互动。

Hui Lin 等人在信息系统成功模型的基础上抽取了信息质量、系统质量和满意感这些经常用来评价网站成功的要素再加上 Preece 的社区成功框架中的可用性和社会性因素构成了基于网络的知识型社区（WKC）成功模型（Hui Lin ，2007），详见图 3.4。

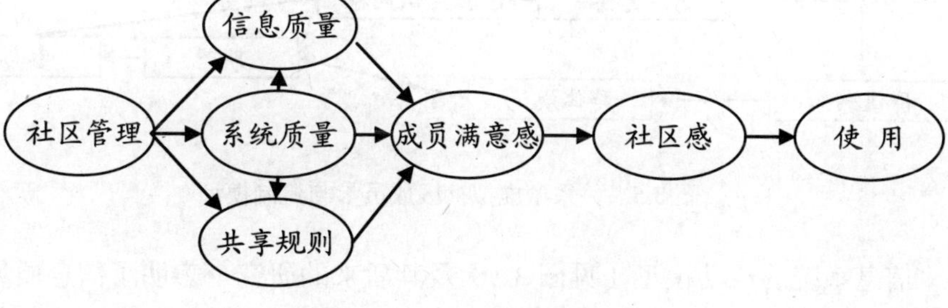

图 3.4　WKC 成功模型

3.1.2 虚拟社区参与行为的社会影响力模型

虚拟社区参与行为的社会影响力模型是由 Dholakia 等人在其前期研究的基础上构建的。其理论基础来源于使用与满足理论。他们把成员参与虚拟社区的驱动力量分为个体层面因素和群体层面因素。个体层面因素包括目的性价值、自我发现、维持人际联系、社会强化、娱乐价值，这些统称为价值感知。群体层面因素由内在化和认同感来体现，这两个组成社会影响力变量。他们认为个体层面的因素会对群体层面因素产生影响作用，进而影响用户做出决定和参与行为。

3.2 用户参与机制的模型构建及假设

WKC成功模型和虚拟社区参与行为的社会影响力模型从不同的视角研究了虚拟社区的成功与参与行为的关系。WKC 模型把用户的满意感、社区感和使用行为作为衡量社区成功的变量，它实际上主要是从信息系统的质量、社区管理及规范方面衡量用户参与社区的行为。而虚拟社区参与行为的社会影响力模型从个体层面和群体层面分析社区的参与行为。两个模型可以彼此补充从而更好地解释虚拟社区的参与行为。因此，本书基于这两个模型构建了一个整合的研究模型（见图 3.5）来解释关系型虚拟社区成员的参与机制。

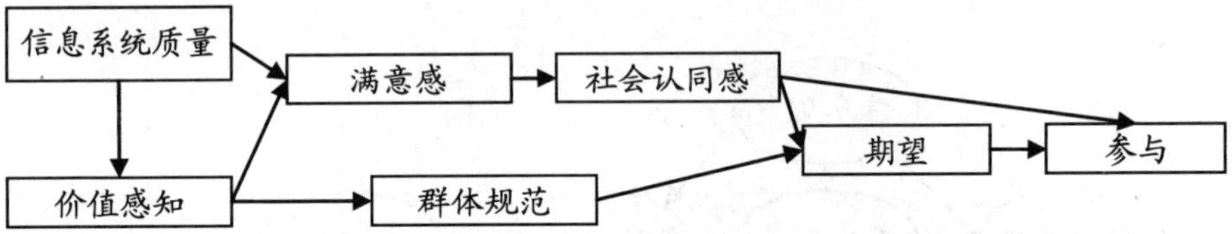

图 3.5　关系型虚拟社区成员参与机制模型

信息系统的成功模型（见图 3.1）及其后来的研究都表明了信息质量、服务质量和系统质量都会影响使用者的满意感（Myers, Kappelman 和 Prybutok，1997；Negash, Ryan 和 Igbaria，2003），进而对信息系统的使用产生影响（Kuo，2003；Mckinney et al.，2002；Saeed, Hwang 和 Yi，2003），本书把信息质量、服务质量和系统质量合并称为信息系统质量，它代表的是技术的稳定性、信息的正确性、及时性、新颖性和服务品质。因此，本研究假设如下。

H1：高质量的信息系统会导致强烈的满意感。

本书把 Dholakia 等提出的个体层面动机和群体层面的因素引入到模型中来，其中个体层面的动机统称为价值感知，包括目的性价值、自我发现、维持人际联系、社会强化、娱乐价值；群体层面因素为社会认同感和群体规范。目的性价值包括信息性价值和工具性价值。信息性价值指参与者在虚拟社区中获取或共享信息，知道其他人在想什么。工具性价值是指参与者通过在线互动来完成特定的任务，如解决一个问题、产生一个新的观点、对其他人产生影响使之关心一件事或一种产品、对一项已经做出的决策进行评价，等等。自我发现是通过社会性的互动，理解和加深自己突出的方面，它包括两个方面。其中一个方面是通过与他人的互动找到获得某种资源的途径从而更容易达成未来的目标，另一个方面是这种相互影响能够帮助自己形成或者清晰地描绘出个人的喜好、品位和价值。维持人际联系是指通过建立和维持与他人联系而获取的社会收益，如社会支持、友谊和亲密感。社会强化是指参与者由于自己的贡献而获得其他成员的接纳和认可，从而使自己在虚拟社区中的地位得到了提升。娱乐价值是指成员通过在虚拟社区中浏览或者与其他人交流而获得的乐趣和放松。信息系统的质量越高，越容易使成员认为该社区是非常容易使用的，相信使用该社区而能够脱离努力的程度，可以帮助成员增进使用绩效，更容易达到其使用目的，从而加强其价值感知。价值感知是个体层面的动机，动机是行为背后的推动力，是引起、推动、维持与调节个体行为，使之趋向一定目标的心理过程。用户感知到自己的需要被满足得越多，其对社区的态度就会越好，会产生强烈的满意感。故而，本研究假设如下。

H2：信息系统质量对价值感知有显著的正向影响作用。

H3：价值感知对满意感有显著的正向影响作用。

社会认同感指的是个人通过界定自己所属的社会范畴的特征，是个人感觉属于这个社区，视自己为社区的一个成员，而与非成员明显区别的一种自我观念（Hogg，1998），这是一种心理状态，主要包含认知、情感和评价 3 个方面。认知是对自己在一个社会性群体中成员资格的认知意识，即自我分类；

情感是对与此群体情感联系的感知，即情感承诺；评价是对成员资格价值意义的正面或负面的评价，即基于群体的自尊。一些研究表明，在数字媒介环境中，对认知性的分类过程会对参与者产生影响作用（Spears 和 Lea，1994）。社会认同的情感部分会影响群体内的成员之间的亲密感（Ellemers et al.，1999），Bergami 和 Bagozzi（2000）发现社会认同的认知部分对组织公民行为有间接影响，而情感部分有直接影响。Dholakia 等人认为强烈的社会认同感会导致参与社区的强烈期望。而 Hui Lin 等人（2007）认为满意感是社会认同感的前因变量，并且社会认同感对参与有积极影响。总之，社会认同感对参与有直接和间接的影响。因此，本书提出如下假设。

H4：满意感对社会认同感有显著的正向影响作用。

H5：强烈的社会认同感会导致强烈的参与社区的期望。

H6：社会认同感对社区的参与行为有显著的正向影响作用。

群体规范是成员内在化的具体表现，是个体成员对其他组织成员共享的一套目标、价值、观念和惯例的理解与承诺。对于虚拟社区的成员来讲，当自己的价值观与其他成员的价值观相似时，内在化就发生了。Bagozzi 和 Dholakia（2002）认为内在化对社区成员会产生特别重要的影响作用，因为他们可以选择加入与自己价值观重合的虚拟群体。内在化产生于群体成员的信息交流中，而由于这些信息对于参与者具有个人意义而持续存在下去，内在化的过程是由群体规范的作用来表示的，这种社会影响是由个人感知到的自己与其他虚拟社区成员的价值观或目标的共享程度来衡量的。对群体规范的遵从程度体现的是用户对社区的自我界定、归属的程度，所以群体规范能够对参与的期望产生正向作用。高水平的参与期望反映到行为上就是与社区成员积极地互动及对社区成员关系进行积极地界定。因此，本书提出如下假设。

H7：价值感知对群体规范产生显著的正向影响作用。

H8：群体规范能够产生强烈的参与期望。

H9：强烈的参与期望对实际的参与行为产生显著的正向影响作用。

3.3 研究方法

3.3.1 问卷编制

为了验证本书提出的模型与假设，作者采用问卷调查的方式收集原始数据。问卷分为以下两个部分：①对成员人口统计特征的描述，主要包括性别、年龄、教育水平、职业、收入水平等；②是对用户的参与动机、社会影响力、参与行为等的描述。为了检验用户是否认真答题，在 B49 题设置了一个测试性的问题“我根本就不知道该社区”。问卷设计采用的是通过文献阅读来获取在相同研究领域中采用的成熟量表，并结合我国互联网用户的实际情况进行修改。问卷中所设置的问题答案均是采用利克特 5 分制量表，从 1~5 分分别表示非常不同意到非常同意。表 3.1 就是各变量的测量指标及问题来源。

表 3.1　调查问卷测量指标及问题来源

变　　量	观测变量	指标来源
信息系统质量	信息质量	B.H.WIXOM 和 P.A.TODD （2005）
	系统质量	借鉴 KUO（2003）， DAVIS（1989），改编
	服务质量	KUO（2003）
价值感知	目的性价值	FLANAGIN 和 METZGER（2001）
	自我发现	FLANAGIN 和 METZGER（2001）
	维持人际关系	FLANAGIN 和 METZGER（2001）
	社会强化	FLANAGIN 和 METZGER（2001）
	娱乐价值	FLANAGIN 和 METZGER（2001）
群体规范	群体规范	BAGOZZI 和 DHOLAKIA（2002）
社会认同	社会认同	BAGOZZI 和 DHOLAKIA（2002）
满意感	满意感	V. MCKINNEY, K. YOON 和 F. ZAHEDI（2002）
期望	期望	BAGOZZI 和 DHOLAKIA（2002）
参与	参与	DHOLAKIA、BAGOZZI（2004）

3.3.2 数据收集

作者选择威客网（www.witkey.com）作为网上填写问卷的场所，威客网是国内知名的悬赏任务类网站，曾经被中央电视台等多家新闻媒体报道过，网站的用户多是希望能够参与一些悬赏任务获得奖金的互联网用户，因此保证了样本的多样性，避免了参与基于问卷的社区用户集中在一到两个社区而引起的样本偏差。为了保障所填问卷的真实性，本次问卷采用抽奖的方式，要求每位答题的用户都给出真实的个人资料（包括真实的姓名、身份证号、上网的目的、上网的喜好、经常登录的关系型虚拟社区的名称、在社区内登记的用户名或昵称等）来验证用户是否真的是关系型虚拟社区的用户，并要求每位用户认真答题，以作为参加抽奖、领取奖金的基本资格，这一措施一定程度上提高了通过互联网进行问卷调查的回收质量。在一个月的调查期后，共回收了 535 份调查问卷，得到 505 份有效问卷，其中填写参与基于现实关系建立的虚拟关系社区的问卷 203 份，填写参与虚拟关系建立的虚拟社区的问卷 302 份。问卷有效率为 94%，符合统计分析的要求。问卷是否有效的判别标准有三：①问卷中的所有问题是否已经全部作答；②问卷中的大部分问题是否选择同一答案；③编号为 B49 的问题是否回答正确。

3.3.3 样本分析

根据问卷显示，本次调查所涉及的基于现实关系和基于虚拟关系的关系型虚拟社区的分布状况如图 3.6 所示。其中基于虚拟关系的占了 59.8%，而基于现实关系的占到 40.2%。

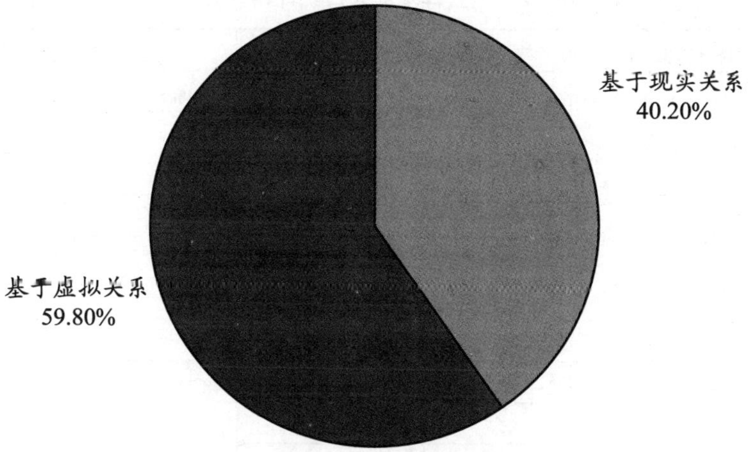

图 3.6　调查样本的关系型虚拟社区的类型构成

表 3.2 显示了本次调查样本的人口统计特征分布，作者把《第 23 次中国互联网发展状况报告》中的人口统计特征（见表 3.3）和调查样本进行对比分析。在男女性别比例方面，本次调查与第 23 次互联网调查差距不大。在年龄分布上，由于统计口径稍有不同，本次调查年龄段在 18~30 岁的用户占到了 84.1%，而第 23 次互联网调查中年龄段在 19~29 岁的为 31.5%，这个差别较大，但是也比较容易理解，因为本次调查是在威客网上进行的，威客网是一个悬赏任务类网站，最近几年才发展起来，对这种类型的网站接受比较多的都是年轻人，所以本次调查对象的年龄分布也是比较合理的。教育水平方面，本次调查大专、本科、硕士及以上的比例共达到了 83.1%，而第 23 次互联网调查的这一比例只有 27.2%，这个数据还是与年龄段的数据相呼应的，即威客网的用户高学历层次的年轻人群占的比重较大。从职业上看，本次调查学生比例与第 23 次互联网调查的学生比例非常接近，而白领及专业技术人员本次调查的结果高于第 23 次互联网调查，二者相差 11.8%，这和前面的年龄及学历分布也能很好地对应起来。在收入方面，500 元以下及 1001~3000 元所占的比例都是占据各自调查结果的很大份额，并且这两个比例分布特征大体相似。以上分析表明，本次调查的样本分布是合理的，是能够反映我国互联网用户的基本情况的。

表 3.2 调查样本的人口统计特征分布

人口统计特征	项 目	百分比
性别	男	63.4%
	女	36.6%
年龄	18 岁以下	2.7%
	18~24 岁	55.9%
	25~30 岁	28.2%
	31~40 岁	11.3%
	40 岁以上	1.9%
加入社区的时间	1~2 年	48.2%
	3~4 年	30.9%
	4 年以上	20.9%
教育水平	初中及以下	3.2%
	高中（中专）	13.7%
	大专	26.3%
	本科	49.7%
	硕士及以上	7.1%
职业	学生	38.4%
	自由职业	13.2%
	无业	1.4%
	单位高级管理者	1.2%
	单位白领、专业技术人员	45.8%
收入	500 元以下	32.2%
	501~1000 元	13.0%
	1001~3000 元	39.8%
	3001~5000 元	11.5%
	5000 元以上	3.5%

表 3.3 第 23 次中国互联网调查中用户人口统计特征分布

人口统计特征	项 目	百分比
性别	男	52.5%
	女	47.5%
年龄	19 岁以下	35.6%

续表

	项 目	百分比
人口统计特征	30~39 岁	17.6%
	40 岁以上	15.3%
教育水平	初中及以下	33.4%
	高中（中专）	39.4%
	大专	13.9%
	本科	12.2%
	硕士及以上	1.1%
职业	学生	33.2%
	自由职业	16.3%
	无业	5.5%
	单位高级管理者	4.5%
	单位白领、专业技术人员	34%
	其他	6.5%
收入	500 元以下	27.5%
	501~1000 元	16.2%
	1001~3000 元	43.5%
	3001~5000 元	8%
	5000 元以上	4.8%

*来源：第 23 次中国互联网络发展状况统计报告（2009 年 1 月）

3.3.4 描述性统计分析

表 3.4 是对本书提出的研究模型中变量的描述性统计分析，主要是各变量最小值、最大值、平均值和标准差的计算。

表 3.4 各变量的描述性统计值

变 量	观测变量	最小值	最大值	平均值	标准差
信息系统质量	信息质量	1	5	3.2636	0.815
	系统质量	2	4.875	3.7442	0.4611
	服务质量	2.2	5	3.6388	0.4744
价 值 感 知	目的性价值	2.2	4.89	3.5986	0.5333

续表

变　量	观测变量	最小值	最大值	平均值	标准差
	自我发现	2	5	3.655	0.6053
	维持人际关系	1	5	3.6496	0.6073
	社会强化	1.5	5	3.2481	0.7345
	娱乐价值	2.25	5	3.6279	0.5797
群体规范	群体规范	1	5	3.6434	0.7267
社会认同	社会认同	1	5	3.7597	0.8079
满意感	满意感	1	5	3.6977	0.8254
期望	期望	1	5	3.6511	0.9325
参与	参与	1	4	2.9845	1.0076

从表 3.4 中可以看出，绝大部分因素的最大值是 5 而最小值为 1，这说明填写调查问卷的用户对各问项回答的范围比较广。从平均值指标来看，各因素的平均值都在 3 左右波动，相对较高，这说明用户对各个因素都是比较重视的。各因素的标准差在 0.4~1 波动，这表明填写调查问卷的用户对于各个问项的回答有一定的分歧，即出于不同的参与动机，这正好和本研究的研究目的相符合。系统质量的标准差最小，显示了用户在系统质量动机上的差异相对较小；参与的标准差最大，表明用户在参与程度上差异相对较大。

3.4　研究结果及分析

3.4.1　信度分析和效度分析

为进一步了解问卷的可靠性和有效性，需要做问卷的信度分析和效度分析。信度是考察问卷测量的可靠性，是指测量所得结果的内部一致性程度，检验信度的一般指标是 Crobach's α 一致性系数，它决定了变量测度的各题项间以多高频率保持得分的相同。在通常情况下，$\alpha>0.9$ 时，表示信度非常好；$\alpha>0.7$ 是可以接受的；$\alpha<0.5$ 表示信度比较低，一般不予接受。本书利用 SPSS15.0 软件进行信度检验，发现除参与变量由于调查项目单一不用进行信度检验之外，其他变量的信度都通过了检验，而且总量表的信度达到了 0.939，

表明变量的测量符合信度要求。信度检验结果见表 3.5。

表 3.5　信度检验结果

变　量	测量指标数	Cronbach's α
信息系统质量	14	0.794
价值感知	22	0.909
满意感	2	0.527
社会认同感	6	0.723
群体规范	2	0.541
期望	2	0.633
参与	1	—
总体	49	0.939

本书用验证性因子分析来检验量表的结构效度，衡量每个条目是否很好地符合信息系统质量和价值感知的各个维度。表 3.6 是验证性因素分析的结果，可以看出，量表的结构效度是比较好的。

表 3.6　验证性因子分析结果

量　表	卡方值	卡方/自由度	RMSEA	GFI	CFI	IFI	TLI
信息系统质量	127.268	1.818	0.041	0.964	0.947	0.948	0.931
价值感知	317.346	1.744	0.039	0.944	0.962	0.963	0.952

3.4.2　两种类型的社区差异性的对比分析

根据侯杰泰（2004）等人的著作，结构方程模型拟合度检验的常用指标有拟合优度的卡方检验 x^2、近似误差均方根 RMSEA（Root Mean Square Error of Approximation）、拟合优度指数 GFI（Goodness Fit Index）、相对拟合指数 CFI（Comparative Fit Index）、增值指数 IFI（Incremental Fix Index）、非规范拟合指数 TLI（Tucker-Lewis Index）。一般认为，$x^2/df<2$、GFI>0.9、CFI>0.9、IFI>0.9、TLI>0.9、RMSEA<0.1（RMSEA 低于 0.1 表示好的拟合，低于 0.05 表示非常好的拟合，低于 0.01 表示非常出色的拟合），则模型的拟合程度较好。从表 3.7 的拟合结果表明，除了基于现实关系的 GFI、TLI 稍微低于 0.9 拟合系数不是非常好，但考虑到量表的内容效度问题，这样的边缘拟合也是可以接受的。

表 3.7　模型拟合指数

拟合指标	卡方/自由度	RMSEA	GFI	CFI	IFI	TLI
参考值	<2	<0.1	>0.9	>0.9	>0.9	>0.9
基于虚拟关系	1.373	0.035	0.932	0.974	0.975	0.969
基于现实关系	1.745	0.064	0.868	0.919	0.922	0.898

由于本书需要对基于虚拟关系和基于现实关系分别建立起来的两种虚拟社区的用户参与机制进行研究，因此下面分别对两组数据利用软件 AMOS 7 来进行结构方程分析，得到了各个潜变量之间的路径系数，其结果分别见图 3.7 和图 3.8。

观察各路径系数的显著性发现，基于现实关系的结构关系模型中，期望因子和参与因子之间的路径系数的 p 值大于 0.05，无法通过显著性检验；基于虚拟关系的结构关系模型中，群体规范因子和期望因子之间的路径系数及期望因子和参与因子之间的路径系数的 p 值大于 0.05，无法通过显著性检验。

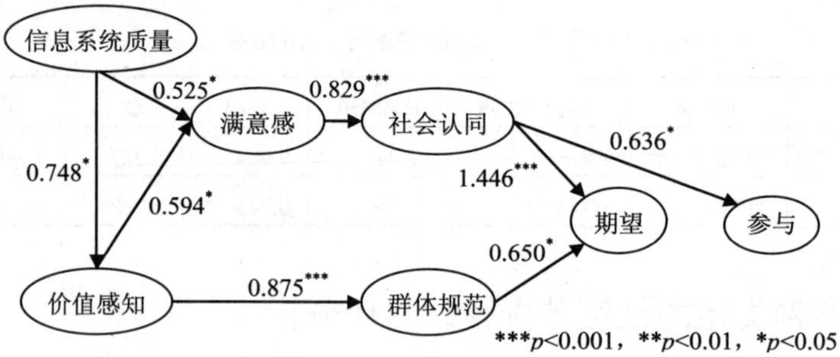

图 3.7　基于现实关系的结构关系模型图

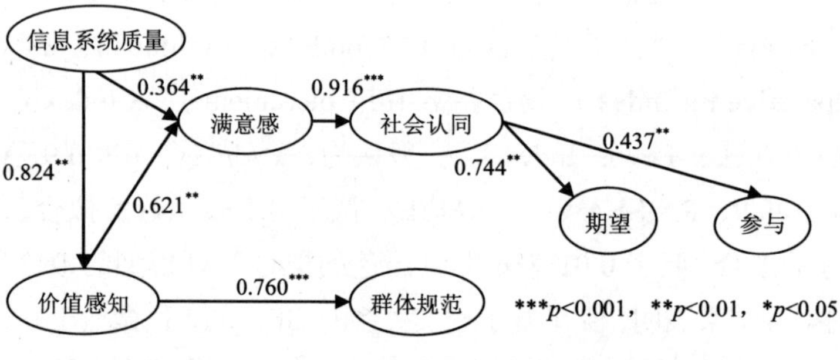

图 3.8　基于虚拟关系的结构关系模型图

表 3.8 对比了两种虚拟社区的假设检验结果，假设 9 在基于现实关系和基于虚拟关系的虚拟社区中都没有得到支持，即强烈的参与期望对实际的参与行为并没有产生显著的正向影响作用，而社会认同感对参与有显著的正向影响。这说明参与的期望与实际参与的行为之间并没有必然的因果关系，它们之间还会受到其他因素的影响；对社区的归属感、认为自己属于这一社区的心理感觉才是影响参与的关键因素。假设 8 在基于虚拟关系的虚拟社区中没有得到支持，即群体规范不能够产生强烈的参与期望，这种类型的社区成员之间在现实生活当中互不相识，他们之间的互动基本仅限于互联网的虚拟社区里，彼此之间没有形成约束力。基于现实关系的虚拟社区就大大不同了，成员之间彼此熟识，在现实社会中已经形成了比较固定的群体规范，这种群体规范也随着他们之间的社会关系直接移植到互联网上了，如果成员当中有人对参与社区的期望不高，将有可能影响其他人的期望，因此群体规范过于强反而对参与期望产生负向影响。

表 3.8 两种虚拟社区的假设检验结果

路径关系			基于现实关系的虚拟社区			基于虚拟关系的虚拟社区		
			标准化系数	*P* 值	检验结果	标准化系数	*P* 值	检验结果
H1：满意感	<---	信息系统质量	0.525	***	支持	0.364	***	支持
H2：价值感知	<---	信息系统质量	0.748	***	支持	0.824	***	支持
H3：满意感	<---	价值感知	0.594	***	支持	0.621	***	支持
H4：社会认同	<---	满意感	0.829	***	支持	0.916	***	支持
H5：参与期望	<---	社会认同	1.446	***	支持	0.744	***	支持
H6：参与行为	<---	社会认同	0.636	*	支持	0.437	**	支持
H7：群体规范	<---	价值感知	0.875	***	支持	0.760	***	支持
H8：参与期望	<---	群体规范	-0.650	**	支持	0.073	0.514	不支持
H9：参与行为	<---	期望	-0.515	0.081	不支持	-0.222	0.123	不支持

注：***表示 $p<0.001$，**表示 $p<0.01$，*表示 $p<0.05$。

在基于现实关系和基于虚拟关系的虚拟社区里，信息系统质量能够显著地影响满意感和价值感知，价值感知对满意感和群体规范有显著的正向影响作用，而社会认同感被满意感所影响并进而影响参与行为。

在基于现实关系的虚拟社区中，信息系统质量对参与的间接效应为0.277+0.234=0.511，价值感知对参与的间接效应为0.313；在基于虚拟关系的虚拟社区中，信息系统质量对参与的间接效应为0.146+0.205=0.351，价值感知对参与的间接效应为0.249。这说明信息系统质量对参与基于现实关系的虚拟社区影响更大，对价值感知影响参与行为方面，基于虚拟关系的社区比基于现实关系的影响要小些。

为了进一步分析影响参与行为的具体因素，这里从信息系统质量和价值感知这两个潜变量入手，分析它们的显变量对其的影响情况。

表3.9显示的是基于现实关系的虚拟社区中，在影响信息系统质量的三个因素中，系统质量排在第一位（0.850），其次是服务质量（0.740），最后是信息质量（0.374）。由此可见，相比较信息质量而言，成员对虚拟社区的系统质量和服务质量比较关注。影响价值感知的五个因素里，影响力度从强到弱依次是娱乐价值（0.920），目的性价值（0.797），自我发现（0.765），保持人际联系（0.762），自我强化（0.596）。娱乐价值而非保持人际联系排在价值感知的首位，这使用户参与到建立在熟人基础之上的虚拟社区的目的发生了变化，最近校内网、开心网纷纷推出了很多娱乐功能吸引了大批用户的加入正好验证了这个结论，意味着在通信手段比较发达的今天，关系型虚拟社区吸引人之处并非仅仅由于其能够帮助用户维持其线下的人际关系，能够开发出加强人们之间的互动的娱乐游戏才是真正吸引用户加入的原因。

表3.9　基于现实关系的虚拟社区的回归系数表

			Estimate	S.E.	C.R.	P	Label
服务质量	<---	信息系统质量	0.740	—	—	—	
系统质量	<---	信息系统质量	0.850	0.109	10.449	***	
信息质量	<---	信息系统质量	0.374	0.186	4.757	***	
娱乐价值	<---	价值感知	0.920	—	—	—	
自我强化	<---	价值感知	0.596	0.119	7.051	***	
人际关系	<---	价值感知	0.762	0.099	8.582	***	
自我发现	<---	价值感知	0.765	0.124	7.415	***	
目的性	<---	价值感知	0.797	0.092	8.882	***	

表 3.10 显示的是基于虚拟关系的虚拟社区中，影响信息系统质量的三个因素里，系统质量仍然排在第一位（0.845），服务质量排在第二位（0.754），信息质量排最后（0.491）。这个排序与基于现实关系的虚拟社区是一样的。五个影响价值感知的因素里，目的性价值处于第一位（0.860），保持人际关系排在第二位（0.832），自我发现在第三位（0.777），娱乐价值在第四位（0.775），自我强化排最后（0.511）。作者发现，与基于现实关系的虚拟社区不同，目的性价值排在第一位，保持人际关系紧随其后，而且二者之间的差距并不是很大，这说明了参与者在虚拟社区中除了需要获取或共享信息、解决一个问题、产生一个新的观点、进行评价等外，也有建立和保持人际关系的需要。

表 3.10 基于虚拟关系的虚拟社区的回归系数表

			Estimate	S.E.	C.R.	P	Label
服务质量	<---	信息系统质量	0.754	—	—	—	
系统质量	<---	信息系统质量	0.845	0.072	13.568	***	
信息质量	<---	信息系统质量	0.491	0.140	8.002	***	
娱乐价值	<---	价值感知	0.775	—	—	—	
自我强化	<---	价值感知	0.511	0.095	8.886	***	
人际关系	<---	价值感知	0.832	0.067	15.443	***	
自我发现	<---	价值感知	0.777	0.078	14.210	***	
目的性	<---	价值感知	0.860	0.063	16.054	***	

本章以结构方程为工具，从信息系统质量、价值感知及社会影响力的角度构建了关系型虚拟社区的成员参与机制模型，通过调查问卷的方式，分别搜集到基于现实关系和基于虚拟关系的关系型虚拟社区用户的数据来验证该参与机制模型。研究表明：无论是哪种类型的社区，社会认同感对参与行为有显著的正向影响作用，而参与的欲望并不能显著影响参与行为。群体规范对参与欲望没有产生正向的显著作用，甚至在基于现实的虚拟社区还有负向作用。在信息系统质量和价值感知对参与的间接效应影响力方面，基于现实关系的虚拟社区要比基于虚拟关系的强。具体来说，两种类型的社区，系统质量和服务质量因素对信息系统质量影响最强；娱乐价值对基于现实关系的虚拟社区用户的价值感知影响力最大，而在基于虚拟关系的虚拟社区里，目的性价值则对用户的价值感知影响力最强。

同时，本章也存在一定局限性。两种类型的关系型虚拟社区都显示群体规范对参与期望没有正向影响，并且参与欲望与参与期望也没有正向的影响，那么是否还有其他因素导致参与行为呢？这个问题需要在今后的研究中进一步探讨。

第 4 章 关系型虚拟社区社会网络结构

关系型虚拟社区最大的特点就是利用社区提供的功能可以在互联网上建立起用户个人的关系网络。关系网络的连接程度代表着关系型虚拟社区用户之间关系的紧密程度，关系网络的中心性代表着用户在网络中的地位，即依赖他人和被他人依赖的程度。对关系型虚拟社区社会网络结构的研究，可以更加深刻地揭示出该种虚拟社区商业价值的实现路径及作为商业价值评估的基础。社会网络分析方法（SNA）正是一种分析网络结构的社会科学研究范式，它通过对行动者之间的关系模式进行描述，分析这些模式所蕴涵的结构及其对行动者和整个群体的影响。

本章利用社会网络分析方法，对基于虚拟关系和现实关系两种类型构成的关系型虚拟社区进行社会网络分析，探寻它们的网络结构特征。

4.1 研究方法

本章主要使用密度、中心性等指标来测量网络结构特征。首先需要明确有向图和无向图的概念。图论记法是一种比较基本的标记行动者及其相互之间关系的计法，主要由点（代表行动者）和线（代表行动者之间的关系）构成。20 世纪 40 年代以来，它成为图论基本概念的基础。数学家和统计学家 R.D.Bock，F.Harary，L.Katz 等首次把网络看成是有向图和无向图（刘军，2004）。有向图和无向图是根据关系（线）的方向来划分的。无向图是从对称图中引申出来的，它仅仅表明重要关系的存在与否。有向图是指关系是有方向的（例如借款关系、权力关系等），即 A 到 B 的关系与 B 到 A 的关系是不同的。

4.1.1 密度

密度是一个图中各个点之间联络的紧密程度，是为了汇总各个线的总分布，以便测量该分布与完备图（如果一个图中的任何两点都相连，则称为完备图）的差距有多大。具体到虚拟社区，指的是在此社区中，各个成员间联系的紧密程度，成员之间的联系越多，网络的密度就越大。密度的取值范围在 0~1，密度值若为 0，则表明该社区成员之间没有任何关系，若密度值为 1，则表明该社区之两两成员之间都存在互动关系。笔者用 L 表示实际拥有的连线数，即社区成员互动关系的数量，n 表示社区成员的个数，则在无向网络中，密度=$2L/n(n-1)$。而在有向网络中，有向网络所能包含的最大连线数等于它所包含的总对数，即 $n(n-1)$，所以其密度应为 $L/n(n-1)$。

4.1.2 中心性

中心性是社会网络分析中的重点之一，评价一个人在其社会网络中具有的权力或者所处的地位等经常用到这个指标。A.Bavelas 最先对中心度的形式特征进行了开创性研究（Freeman，1979），验证了行动者越处于网络的中心位置，其影响力就越大的假设的正确性。一般来说，评价点的中心性可以用点度中心度、中间中心度和接近中心度。评价图的中心性用点度中心势、中间中心势和接近中心势。

1. 点度中心性

如果一个行动者与很多其他人有直接的关联，该行动者就居于中心地位。居于中心地位的行动者往往与他人有多种关联，而与他人有较少联系的行动者则居于边缘地位，其拥有的权力也就会非常小。测量一个点的点度中心性，可以根据与该点有直接关系的点的数目（点的数目在无向图中是点的度数，而在有向图中分为点入度和点出度），即点度中心度。如果一个点与其他许多点直接相连，作者就认为该点具有较高的点度中心度，则该点就居于中心位置，其拥有的非正式权力与影响力也较多。点度中心度又分为绝对点度中心度和相对点度中心度。绝对点度中心度是指与某点直接相连的其他点的个数，这种测量忽略了间接相连的点，这种中心度也可以称为局部中心度。对有向图来说，每个点又对应着点出度（该点指向其他点的数量）和点入度（其他点指向该点的数量）。相对点度中心度（标准化点度中心度）是指点的实际度数与图中点的最大可能的度数之比，可以比较不同网络规模的点的点度中心度。

如果一个网络的各个点度中心度差异很大，作者就说该图具有较高的点度中心势。对于星型网络，由于一个点与所有其他点直接相连，表明该网络有 100%的点度中心势。而对于一个任何点都与所有其他点之间存在同样关系的网络（完备图）来说，其点度中心势为 0。

绝对点度中心度 $C_{\mathrm{AD}} = p(i)$ （4.1）

相对点度中心度 $C'_{\mathrm{AD}} = \dfrac{C_{\mathrm{AD}}}{n-1}$ （4.2）

图的点度中心势 $C_{RD} = \dfrac{\sum_{i=1}^{n}\left(C_{RD\max} - C_{RDi}\right)}{(n-2)}$ （4.3）

2. 中间中心性

中间中心度（Betweenness Centrality）测量的是一个点在多大程度上位于网络图中其他点的“中间”，指一个网络中成员两两之间的互动必须通过另一个行动者的中间介绍，中间性指标较高的行动者，其引导信息流通的机会也较多，也就是说他占据了操纵信息流通的关键位置。如果一个行动者处于多对行动者之间，那么他的度数一般较低，这个相对度数比较低的点可能起到重要的“中介”作用，可以认为此人居于重要地位，处于网络的中心，他具有控制其他两人之间的交往的能力。这里主要用相对中间中心度（标准化中间中心度）来表示，如果一个点的相对中间中心度为 0，意味着该点不能控制任何行动者，处于网络的边缘；如果一个点的相对中间中心度为 1，意味着该点可以 100%地控制其他行动者，它处于网络的核心，拥有很大的权力。相对中间中心度可用于比较不同网络图中点的中间中心度，在此作者只计算相对中间中心度。

中间中心势反映的是一个网络的中间中心性，星形网络具有 100%的中间中心势指数，即一个行动者是所有其他者的桥接点。环形网络的中间中心势指数为 0。

绝对中间中心度 $$C_{AB_i}=\sum_{j}^{n}\sum_{k}^{n}b_{jk}(i)，\ j\neq k\neq i \text{且} j<k \tag{4.4}$$

相对中间中心度 $$C_{RB_i}=\frac{2C_{ABi}}{(n-1)(n-2)} \tag{4.5}$$

图的中间中心势 $$C_B=\frac{\sum_{i=1}^{n}\left[C'_{RB\max}-C_{RBi}\right]}{n-1} \tag{4.6}$$

3. 接近中心性

接近中心度（Closeness Centrality）关注的是一个行动者距离网络中的所有其他行动者的接近性程度，是一种不受他人控制的测度，它测量的是路径而不是直接关系。如果一个点通过短的路径与许多其他点相连，表明其在交易的过程中较少依赖于他人，该点就具有较高的接近中心度。接近中心度的值越大，越说明该点不是网络的核心点；值越小，越说明该点居于网络的核心位置，从而越不受控制。如果一个点与网络中所有其他点的距离都很短，则称该点是整体中心点。这里用相对接近中心度（标准化接近中心度）来衡量点的接近中心度，可以用来比较不同网络规模的点的接近中心度。

接近中心势（Closeness Centralization）是相对于整个网络的接近中心性来进行衡量的一个指标，对一个其中任一点都与其他点有同样关系的网络来说，其接近中心势为 0。

绝对接近中心度 $$C_{APi}^{-1}=\sum_{j=1}^{n}d_{ij} \tag{4.7}$$

相对接近中心度 $$C_{RPi}^{-1} = \frac{C_{APi}^{-1}}{n-1} \tag{4.8}$$

图的接近中心势 $$C_C = \frac{\sum_{i=1}^{n}\left[C'_{RC\max} - C'_{RCi}\right]}{(n-2)(n-1)}(2n-3) \tag{4.9}$$

4.2 数据抽样方法

本书对数据的抽样方法采用的是滚雪球抽样法（Snowball Sampling）。John Scott（2007）对此种方法进行了详细的阐述，“滚雪球抽样法是先研究一小部分线人，再请每个线人提名其他人，再对这些被提名者进行访谈，并要求进行进一步提名。随着提名的进行，就像一个雪球那样建立了一群被访谈者。在滚雪球方法中，社会关系本身被用做建构群体的一种关系链，就其本质来说，一个滚雪球样本一般是围绕着作为开始点的一个特殊个体的关系而组织的”。Stanley Wasserman & Katherine Faust（1994）指出，在边界未知的情况下，特别的抽样技术如滚雪球抽样法和随机网络等能够界定行动者的边界。虽然滚雪球抽样法限制了统计意义上的普遍性，但是不能阻止描述性分析和基于此样本进行的推断（Hogan B.，2008）。Susan C.（2007）等就曾使用滚雪球抽样法来进行博客样本抽取，他们用 24 个种子日志作为起始点搜寻其二度好友的博客链接。Lilia Efimova（2005）用他自己的博客作为起始点，用滚雪球抽样法抽取了 418 个博客链接来研究博客社区。由于虚拟社区很难界定其边界，要研究其构成的整体网络难度颇大，作者希望所做的研究能够覆盖该虚拟社区的一个小局域网络，基于这一考虑，用滚雪球抽样法是比较合适的。

这里选择百度空间和校内网分别作为基于虚拟关系和基于现实关系的社区代表。百度空间（http://hi.baidu.com/）是 2006 年 7 月百度公司进入社区化竞争的一个重要策略，它为百度搜索引擎贡献了大量的注意力，是一个基于虚拟关系形成的社区，在这里用户的身份是匿名的，用户间的“好友”关系是由陌生人之间基于共同的兴趣、爱好、相似的背景，分享情感经验、分享信息而建立起来的，“好友”间的关系是非对称的、有向的。百度空间的社群图是有向图，因为百度空间里的用户原本都是互相不认识的，A 把 B 加为好友了，但在 B 的好友列表中，A 并不一定在其中，这就说明了他们的关系是不对称的。校内网（xiaonei.com）成立于 2005 年 12 月，是中国最早的校园社区网站之一，目前已经成为中国高校市场具有垄断地位的网站。校内网是典型的基于现实关系建立的网络虚拟社区，其用户的身份是真实的，用户之间的“好友”关系也是用户把线下真实的同学关系转移到校内网建立起来的，“好友”的关系是对称的、无向的。校内网的社群图是无向图，因为在基于现实关系的校内网中，如果一方同意另一方加为好友的请求，则双方互为好友。作者随机选取同时在两个社区“安家”、年龄在 22 岁左右、经常登录社区并和其好友互动比较频繁的某男性用户作为滚雪球抽样的起始点，这种抽样方式有利于比较两个不同关系类型的虚拟社区。经由该起始点（第一度），分别在其“好友”列表中查询其所有好友（第二度），再根据其每一个“好友”的“好友”列表里查询“好友”的“好友”（第三度）共三度用户样本，把这两种类型的网站的第一、二、三度用户作为样本网络进行社会化网络分析。对于校内网的滚雪球抽样，作者只查找起始点目前所在学校的全部好友，而非其所有好友，这是因为：①如果选取起始点的所有好友，则全部三度样本量将达到 4 万人左右，此样本量和百度空间的样本量差距太大，计算和比较起来难度很大。②为了更突出基于血缘、地缘、业缘而建立起来的现实关系的虚拟社区的特点，这里只选取目前处于同一个学校的好友来做样本，详见图 4.1。

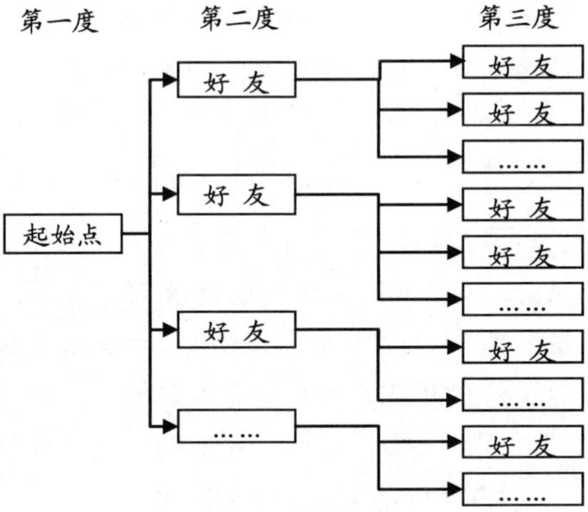

图 4.1　滚雪球抽样法示意图

作者对校内网进行抽样，得到第一度用户 1 个，第二度用户 32 个，第三度用户 499 个，合计 532 个样本量。同期得到百度空间的第一度用户 1 个，第二度用户 12 个，第三度用户 213 个，前三度合计 226 个样本量。

4.3　社会网络分析结果及分析

本章使用 Pajek1.23 软件进行社会网络分析，Pajek 软件是由 Vladimir Batagelj 和 Andrej Mrvar 编写的免费软件，是一种专门用来处理大型数据集合的社会网络分析软件。本节利用该软件分析样本网络密度和中心性等网络结构特征。

4.3.1　网络密度

用 Pajek 软件计算得出两个虚拟社区样本网络密度结果对比见表 4.1。

表 4.1　两个虚拟社区样本网络密度结果

网络名称	连线数	网络密度	连线数（去掉起始点）	网络密度（去掉起始点）
校内网	280	0.511	248	0.48
百度空间	30	0.178	9	0.063

这里通过构造一个第一度（起始点）与第二度（起始点的好友）形成的个体中心网来测量网络密度。采用的方法是只选择第一度和第二度样本量，并从第三度中找出第二度用户之间的好友关系。从这种研究视角出发，密度分析关注的是基于现实关系建立起来的与第一度有直接关系的所有样本形成的第一度个体中心网的网络密度。校内网的 33 个样本之间的连线数达到了 280 条，说明了网络中的结点关系比较紧密，该个体中心网的网络密度为 0.511，密度值比较大。百度空间 13 个样本之间的弧线为 30 条，密度为 0.178。

在上述的密度计算中，起始点与所有的二度用户之间都有连线，为更真实地反映样本网络其他成员间关系的紧密程度，作者去掉起始点及所有与起始点有关系的连线再计算一下密度。用此种方法计算的校内网的样本网络密度达到了 0.48，该密度值还是比较大的，这说明起始点的好友之间的关系网络密度很大。而这个值“是对主体网密度的一个较有用的测量”（刘军，2004）。百度空间的样本网络密度为 0.063，这个密度值远远小于基于现实关系建立起来的网络的密度。可以发现百度空间第二度用户之间的连线（弧）相对于校内网的非常少，这说明在以陌生人为基础的虚拟社区上建立起来的“好友”关系是发散的，即使是基于同一爱好，认识共同的好友，而相互之间成为好友的可能性也比较低。

Wellman 发现密度最大的网络常常是亲属关系网，而人们参与的网络多数是稀疏连接的，即密度低的（John Scott，2007）。存在于虚拟社区且基于线上虚拟关系的社会网络，其网络密度值低与其关系的虚拟性有很大的关系。这种关系是建立在陌生人之间的关系，是一种既不是基于血缘也不是基于地缘或职业而形成的关系。虚拟社区的成员一般是十分庞大而且具有较高的流动性，他们互相加为“好友”，是基于兴趣、爱好、寻求帮助等不同的目的，而且由于此类社区的自由性和开放性，导致他们之间的互动从总体上处在一种不停变动的状态之中。

4.3.2 中心性

1. 点度中心性（Degree）

表 4.2 为所选样本数为 532 个结点的校内网网络的绝对点度中心度和相对点度中心度（标准化点度中心度），从中作者发现，绝对点度中心度最大的是第 33 号，其连接的直接联系人有 105 个，仅这个数据不能判断 33 号就是该样本网络的核心点，还要对其他点进行分析。排在 33 号后的 9 号、3 号、5 号、20 号、11 号，他们的绝对点度中心度也比较大，但是把这些绝对点度中心度排名靠前的点比较其相对点度中心度，可以发现他们的相对点度中心度非常接近，相差千分之几的级别。再看看作为起始点的 1 号，其直接联系人只有 32 个，远远小于 33 号的直接联系人，这说明从点度中心度指标衡量，利用滚雪球的抽样方法的起始点不一定就是网络的中心点，也不占据中心位置，这和 Lilia Efimova（2005）以自己的博客为滚雪球抽样的起始点得到的样本网络中其博客就是中心点的结论有所不同。作为编号为 33 号以后的结点，由于本次抽样所采取的方法导致样本网络并没有把这些结点的所有直接联系

人包括进去，尽管如此，这些结点的点度也比部分 33 号以内（33 号以内的结点的所有好友全部包含在样本网络里）的结点的点度高。对样本网络的点度中心度进行了平均值、标准差、方差的计算，笔者发现从绝对数的角度来讲，标准差、方差稍微有点大，但从相对数的角度来衡量，标准差和均值都是比较小的，总体来说，此样本网络的点的中心度普遍不高。

对样本网络的中心势进行测算，样本网络的点度中心势只有 0.1896，说明网络的向心趋势不明显，不存在相对于整个网络的中心点。

表 4.2　校内网点度中心性

编号	绝对点度中心度	相对点度中心度	编号	绝对点度中心度	相对点度中心度	编号	绝对点度中心度	相对点度中心度
33	105	0.19774	5	74	0.13936	1	32	0.060264
9	101	0.190207	20	72	0.135593	…	…	…
3	89	0.167608	11	71	0.13371	532	1	0.001883
样本网络的描述性统计								
平均	4.695	0.18961	方差	155.97	0.000553	标准差	12.489	0.02352
样本网络的点度中心势 0.1896								

百度空间的样本网络为有向网络，其点度分为点出度和点入度，点出度是指该结点的好友列表里有多少个好友，即该结点主动链接的好友数量，而点入度是指该结点存在于多少个其他结点的好友列表中，即该结点被其他结点被动链接的数量。从表 4.3 的结果显示，整体来看绝对中心度，点的入度中心度比出度中心度普遍要低，即一个点被动链接的直接联系人数比其主动链接的直接联系人少。其中，1 号的入度中心度最高，共有 9 个人主动链接了该点，这有可能是以 1 号为起始点进行滚雪球抽样的方法有关；出度方面，3 号的点出中心度最高，说明 3 号向外主动链接了许多好友。在总中心度这个指标里，3 号和 5 号都是比较大的，但这并不能说明他们是样本网络的中心，其总中心度高与他们主动向外链接了许多好友有关，而并非是其被动链接的人数多。只有被动链接该点的人数多，才说明该点具有较高的人气、受人关注，有极高的影响力。从相对中心度来看，点的中心度普遍较低，入度中心度最高的只有 0.04，出度中心度最高的为 0.156，总中心度最高的也只有 0.08。从

描述性统计的结果来看，平均值、标准差、方差都显示结点间的点度中心度差距不大。

样本网络的中心势，无论是内中心势、外中心势还是总体中心势都比较小，说明网络的中心性比较低，内趋性不明显，没有居于中心的点。

表 4.3　百度空间点度中心性

编号	绝对入度中心度	相对入度中心度	编号	绝对出度中心度	相对出度中心度	编号	绝对总中心度	相对总中心度
1	9	0.04	3	35	0.156	3	36	0.080
7	3	0.013	5	28	0.124	5	30	0.067
…	…	…	…	…	…	…	…	…
226	1	0.004444	226	0	0	226	1	0.0022
样本网络的描述性统计								
平均	1.132	0.005034	平均	1.132743	0.0050	平均	2.265487	0.0050
标准差	0.6395	0.002842	标准差	4.960294	0.0220	标准差	5.204302	0.0116
方差	0.40897	0.000008	方差	24.60452	0.0005	方差	27.08476	0.0001
样本网络的点度中心势			内	0.035	外	0.151	总体	0.076

相对中心度可以对比不同网络规模的点度中心度，可以发现基于真实关系建立的校内网的样本网络点度中心度的平均值为 0.18961，高于基于虚拟关系建立的百度空间的样本网络 0.005034 的平均值，表明两种网络的每个点的直接联系人前者普遍高于后者，但是前者的方差和标准差比后者略高些，说明各点拥有的直接联系人的差距前者比后者大。这是和关系的类型有一定的关联，真实关系产生的信任感比虚拟关系产生的信任感强，因此添加好友链接时不需要那么谨慎，并且真实关系的背后有一些能够产生信任、缩短距离感的因素，如处在同一学校、同一城市、好友的推荐等都能够帮助人们扩大自己在线上的关系网，而虚拟关系实际上是陌生关系，两个毫无关联的人被共同的兴趣或者爱好等因素连接起来，形成了只有在互联网虚拟空间中的关系，缺乏信任而使人在互联网上的匿名性在一定程度上会减缓关系的发展。

两个样本网络的中心势前者也比后者高，但值都比较低，意味着两种网络都没有居于中心的点，网络的整体中心性不强。这和互联网的去中心化特点相一致。

2. 中间中心性（Betweenness）

表 4.4 和表 4.5 是两个社区的中间中心性的计算结果。校内网的样本网络中 3 号的中间中心度最高，为 0.262482，表明该点有一点影响力，但是还达不到控制他人之间交往的程度，中间中心度最低的为 12 号，为 0.003323，比较接近于网络的边缘地位，无法对其他人施加任何影响。点的中间中心度的平均值为 0.004102，说明样本网络中点的中间中心度普遍不高，而对方差和标准差的计算表明了各点中间中心度的差距很小。样本网络的中间中心势为 0.25887，表明整个样本网络的中间中心程度不高，点之间相互依赖的程度较低。

表 4.4　校内网中间中心性

编号	相对中间中心度	编号	相对中间中心度	编号	相对中间中心度	编号	相对中间中心度
3	0.262482	30	0.075555	7	0.017324	513	0.00535
33	0.212005	17	0.067308	18	0.01028	…	…
1	0.20282	31	0.063064	454	0.008757	12	0.003323
平均	0.004102	标准差	0.022018	方差	0.000485		
网络中间中心势 0.25887							

百度空间样本网络中最大的中间中心度约为 0.038，是起始点 1 号，最小的为 0，各点的相对中间中心度都非常低，根本无法控制其他结点之间的交往，也不能对他人产生影响力。

该样本网络的中间中心势只有 0.03763，表明样本网络的集中趋势非常低，各点控制他人交往的能力几乎没有，是一个扁平化的网络。

表 4.5　百度空间中间中心性

编号	相对中间中心度	编号	相对中间中心度	编号	相对中间中心度	编号	相对中间中心度
1	0.037837	3	0.006746	4	0.003443	…	…
2	0.008185	13	0.000873	5	0.004941	226	0
平均	0.000372419	标准差	0.002695285	方差	0.00000726		
网络中间中心势 0.03763							

对比两类网络，校内网的相对中间中心度最高点的 0.262428 比百度空间的最高点 0.037837 高出不少，相对中间中心度的平均水平前者也比后者高出

几乎 10 倍，网络的中间中心势前者也比后者高，这说明校内网的样本网络比百度空间的集中趋势稍微要高些。这可能与校内网上的关系是线下真实关系的映射与延展有关。但两类网络整体的集中趋势都不高。

3．近中心性（Closeness）

从表 4.6 可以看出，校内网样本网络的接近中心度最高的是编号为 1 的结点，编号为 1 的结点也是滚雪球抽样的起始点，其高的接近中心度说明该点不是样本网络的核心点。而接近中心度最低的有编号为 340、341、399 等结点，但这也不一定说明这些结点就是该样本网络的核心点。这有三个方面的理由：一是因为具有最低接近中心度值的结点的数量比较多；二是从表 4.6 中看出，所有接近中心度的值都不是特别低，平均值有 0.319849，而且从接近中心度的标准差和方差来看，结点接近中心度之间的差距并不是很大，三是样本网络的接近中心势为 0.39248，由于用滚雪球抽样取得的样本网络是局部网络，部分结点的好友关系并没有完全体现出来，这也使得接近中心势比实际的要高一些。基于以上分析，校内网样本网络没有点居于核心位置。

样本网络的接近中心势为 0.39248，表明该样本网络没有体现出较强的接近中心性，其集中趋势不明显，即该网络的行动者不受他人影响和控制。

表 4.6　校内网接近中心性

编号	接近中心度	编号	接近中心度	编号	接近中心度	编号	接近中心度
1	0.515534	20	0.460538	187	0.420761	4	0.393042
33	0.487603	11	0.458549	17	0.420428	192	0.391882
5	0.477948	10	0.441764	364	0.406897	…	…
平均	0.319849	标准差	0.042262	方差	0.001786		
网络接近中心势　0.39248							

表 4.7 显示的百度空间样本网络的接近中心度普遍不是很低，最高值为 0.513699，最低值为 0.256264，平均值是 0.277145，从标准差和方差来看，各节点的接近中心度值的差距非常小。这些数据都说明了样本网络里没有居于核心位置的节点，网络里的节点不受其他节点控制。

网络的接近中心势为 0.476，该网络没有表现出较强的接近中心性，集中趋势不明显。

表 4.7　百度空间接近中心性

编号	接近中心度	编号	接近中心度	编号	接近中心度
1	0.513699	8	0.368249	…	…
5	0.380068	12	0.367647	226	0.256264
平均	0.277145	标准差	0.027227	方差	0.000741
网络接近中心势　0.47627					

对比两个网络的接近中心性，其接近中心度的均值、标准差、方差差别不是很大，百度空间的网络接近中心势比校内网要高些，说明百度空间的网络结构更加松散。而就总体而言，这两个网络的集中趋势都比较弱。

4.4　网络图的可视化

为了更形象更清晰地反映校内网和百度空间各自的社会网络结构，本书利用 Pajek 软件将研究结果可视化。图像的输出采用 Energy-Kamada-Kawai 能量运算法则，如图 4.2 和图 4.3 所示。

图 4.2　校内网的样本网络图

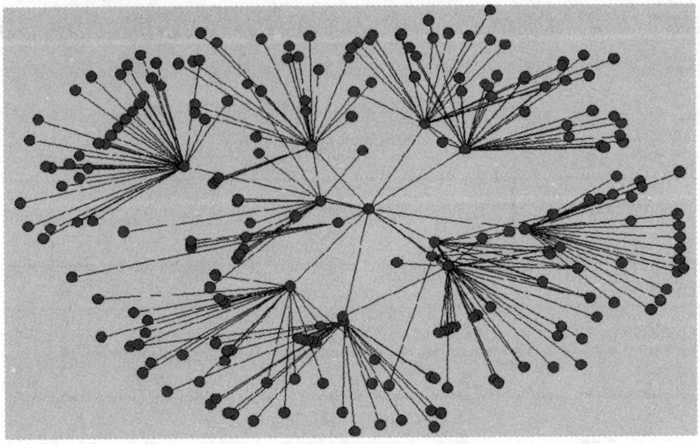

图 4.3　百度空间的样本网络图

本书对数据的抽样方法采用的是滚雪球抽样法，即根据起始点找寻其好友及好友的好友，通过三度用户建立起样本数据，网络图中呈现出一定的集簇性特征是由于抽样方法造成的，并非显示的是网络的结构特征。本书重点研究样本网络的紧密程度与中心性等网络结构特征，因此对比校内网（见图 4.2）和百度空间（见图 4.3）的样本网络图，可以清晰地看到校内网成员之间的连线比百度空间成员之间的连线要多，显示校内网的成员关系要紧密些。两个网络图都没有显示出明显的中心性，这和上述对网络结构的分析是相一致的。两个网络都呈现出扁平化、去中心化的网络结构。

社会化网络网站为探讨互联网上的人际关系提供了一种搜集数据非常便利的途径，在社会化网络分析方面将会发挥越来越大的作用。本章基于社会化网络视角和分析方法，重点分析了分别基于虚拟关系和现实关系在互联网上建立的网络的密度、中心性等网络结构特征。研究发现，基于现实关系的样本网络都比基于虚拟关系的样本网络密度大，这表明基于现实关系建立的成员关系比基于虚拟关系建立的成员关系紧密；无论是基于现实关系建立的网络还是基于虚拟关系建立的网络，都没有明显的中心性，但基于现实关系建立的网络集中趋势性稍微强一些。校内网的成员是由线下的同学关系转换到网络上，成员除了用校内网或者其他的网上交流工具进行交流外，线下的联系也非常紧密，比如一起上课、听讲座或参加学校组织的其他活动等，由于线下和线上的活动相互影响、相互促进使得成员间的关系扩展地更快，联系也更加紧密。基于现实关系形成的校内网非常符合网络效应，即使用一个网络的用户越多，该网络的价值越大。它把用户的现实人际关系都绑定在内了，用户的转移成本增大。而百度空间用户的交往基本上是线上的交往，发帖子、回帖子、留言、加入圈子等，交往方式具有局限性，而且成员发生交往关系的基础是具有某些方面的相似性，如有共同的爱好、有共同喜欢的影星等。这种关系具有非常的不稳定性，随着用户的兴趣转移或者有新的虚拟社区吸引他，用户甚至有可能离开原来的社区，这种社区对用户的黏着性不大，锁定成本比较低。

第 5 章

关系型虚拟社区的价值实现路径

5.1　虚拟社区的发展模式

Romm，Pliskin & Clarke（1997）提出虚拟社区发展的三阶段模式，从社会学角度分析虚拟社区形成及发展的阶段，如图 5.1 所示。

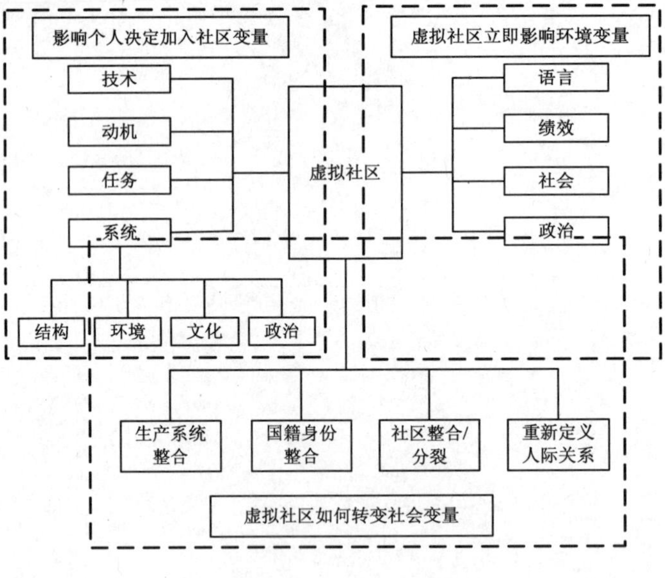

图 5.1　虚拟社区发展的三阶段模式

第一阶段是成员加入虚拟社区的阶段。在这一阶段中，影响个人决定加入虚拟社区的因素主要包括技术、动机、任务及系统。技术因素表示的是虚拟社区的经营者所采取的技术，这些技术要保证用户能够更加便捷地参与和使用虚拟社区。动机因素是指影响用户加入虚拟社区的心理因素，如用户害怕改变或者与用户不匹配的认知风格等。任务因素是用户基于信息丰富理论，在特定任务下选择哪种类型的沟通方式会由沟通媒介承载的信息量而定。系统因素是把整个虚拟社区看作一个完整的系统，主要探讨虚拟社区所处的环境、结构、文化及政治导向，这些因素主要倾向于受社会规范影响而非个人认知的选择。

第二阶段是虚拟社区的发展阶段。在这个阶段中，虚拟社区逐渐形成并立即受到语言、绩效、社会及政治四个方面的影响。语言方面，因为虚拟社区不存在于实体空间，所以会区别于面对面的新的沟通方式；绩效是指虚拟社区的建立会加强组织的表现绩效；社会是指虚拟社区使用的沟通工具所造成的改变，如站内信箱可以让组织内更容易相互沟通；政治是指虚拟社区对组织内的政治斗争的影响。

第三阶段是虚拟社区的成熟阶段。即虚拟社区对组织外部环境的影响，包括生产系统的整合、国籍身份的整合、社区的整合/分裂及人际关系的重新定义。

从这个虚拟社区发展的三阶段模型中，可以看出，虚拟社区的发展是虚拟社区及用户相互影响、相互作用的结果。虚拟社区的经营者采用特定的技术搭建起虚拟社区的技术平台，为虚拟社区用户的加入打好了平台基础，并从满足用户需要的角度吸引用户（特别是有价值的用户）加入，之后通过形成社区规则和认同感以增强用户的归属感，来长久地留住用户，并进而影响整个虚拟社区人际关系的整合与分裂。

该模型只是从用户与社区之间相互影响及作用的角度来研究虚拟社区的发展模式，除此之外，笔者更关注的是从商业价值的角度看其发展模式，因为虚拟社区需要经济上的独立、获取商业利益，才能真正地生存与发展下去。

5.2 关系型虚拟社区的价值源泉

虚拟社区的价值符合一般的互联网企业价值的含义，互联网企业所具有的网络化、信息技术化、成本与价值的弱对应性等特点，使得有形资产在企业的价值中的比例远低于传统企业。因此虚拟社区的价值与其他类型的互联网企业一样都更侧重于对客户价值的界定和未来盈利能力的界定。

在分析关系型虚拟社区价值时，一个重要的问题是其价值来源，由于虚拟社区属于互联网经济范畴，其价值来源也是互联网经济的价值来源。关系型虚拟社区的价值源泉是其所拥有的数量庞大的用户，以及这些用户相互之间频繁的信息沟通所引发的非摩擦经济效应、注意力经济效应、规模经济效应与网络外部经济性和锁定效应。

5.2.1 非摩擦经济效应

美国经济学家勒维斯参照经济学中的交易费用理论，以“美国在线”为例，借鉴了经济学、管理学、营销学的理论，提出非摩擦经济及“学习曲线”、“混沌理论”、“正反馈”、“主流化”等诸多新名词，并提出快速抢占市场份额以于市场垄断者地位的竞争策略（勒维斯，1999），非摩擦经济是不同于传统经济模式的一种低成本、无摩擦、高效率的全新的经济形态，网络经济正是一种非摩擦经济。非摩擦经济（马广奇，2004）推翻了传统的供需平衡规律、改变了古典经济的“收益递减规律”、具有非线性的“混乱”特征。这一理论指出了网络经济的本质特征。

经济学理论认为，使经济资源得以有效配置的信息散见于大量的个体之中，任何以集中方式进行资源配置的行为都在一定程度上扭曲了信息，从而损失了一部分资源配置效率。在笔者所熟悉的传统经济中，实行的是集中生产，生产与消费存在诸多环节，造成信息与实物的迂回流动，大大增加了交易成本，企业大量资源在不能增加价值的使用过程中被消耗掉了。

互联网经济是一种消除中介的非摩擦经济模式，通过采用互联网为平台在世界范围内处理市场信息、沟通生产与消费，任何生产者可与消费者通过互联网进行物质上虚拟、信息上真实的直接接触，降低了企业的营销、储运成本。互联网经济的直接性决定了它比传统经济有着更经济的生产营销体系，大量节省的资源和交易成本的降低转化为巨大的价值源泉。

虚拟社区提供的服务可以使用户实现个人数据处理、个人社会关系管理、商业信息的共享。用户能够对信任的人群分享自己的信息和知识、利用信任关系拓展自己的社会化网络。虚拟社区的经营者可以直接从用户身上获取经济利益，或利用用户在其平台上的关系网络，帮助其他商家获取利益，从而提高了资源配置效率。

5.2.2　注意力经济效应

由于互联网的快速发展，人类已经步入以经济活动和社会生活高度数字化和网络化为基本特征的互联网经济时代，由于互联网的递增效应与信息的非竞争性，使得信息量以几何级数飞速增长。在互联网经济中，信息的极大丰富导致了注意力的严重稀缺。经济学研究的是如何利用稀缺资源进行有效生产和合理配置，因此作者可以认为正在崛起的以互联网为基础的“新经济”的本质就是“注意力经济”。

注意力稀缺的问题早在 20 世纪 80 年代中期就引起了人们的注意，而最早提出“注意力经济”概念的是一位名叫桑盖特的心理学家，诺贝尔奖经济学奖获得者赫伯特•西蒙（Herbert Simon）指出：“信息的丰富产生注意力的贫乏”。托马斯•达文波特和约翰•贝克（2004）在《注意力经济》中，充分运用了生物心理学、管理学中的组织结构和战略理论，用案例和数据对注意力的成因、评估、管理等方面作了阐述，并针对互联网不同种类网站的特点，提出实现黏着力目标的战略。

这种形态中，最稀缺的资源不是信息本身，也非传统的货币资本，而是相对于无限信息供给而言的优先需求——注意力。对于能够零边际成本无限复制的信息来说，其价值的衡量必须以注意力为标准，只有获得了注意力的信息才具有价值。随着互联网逐步发展成为信息社会的基础信息平台，它将获得对用户注意力资源的完全控制权，这个过程同时也是一个巨大的价值、财富的转移过程。整个经济体系通过适当的方式把注意力这种新的生产要素进行重新分配，并且转化为财富。

与任何互联网公司一样，虚拟社区的生存根本就是用户的注意力，注意力能够转换成供虚拟社区生存和发展的价值。

5.2.3 规模经济与网络外部经济性

外部性问题的提出是和历史上对政府作用的争论联系在一起的。19 世纪当“认为政府的作用就是保证市场机制的良好运行”这一观点被普遍接受的时候，英国经济学家 Sidgwick 提出未来解决“外部性”问题，需要政府进行干涉。随后马歇尔对“外部性”问题也给予了关注，并在其 1890 年的巨著《经济学原理》中提出了“外部经济”这一概念（黄江红、徐文学，2006）。

传统经济理论显示了规模报酬递减规律的普遍性，而互联网经济则突破了这一限制，呈现出规模报酬递增的特征，具有明显的外部经济性和规模经济效应。这一方面是由于信息消费的“非竞争性”，换言之，相较于传统经济中的实体商品，信息作为互联网经济的主要产品，可以以接近于零的成本进行大量地复制或者传播，并且信息所包含的价值并不会因此而降低，因此互联网经济的成本表现为阶段性的固定成本投入而产量可以无限制增加，致使平均成本随着总产量的增加而快速下降，形成强烈的收益递增性。另一方面，网络的外部经济性来源于网络自身的组织系统性、网络内部信息流的交互性和网络基础设施的长期垄断性。由于网络交易边际成本递减趋势的存在和网络信息价值的累计增值及传递效应，网络经济边际收益呈现出规模递增的趋势。

互联网经济的 Metcalfe 法则认为：互联网的价值等于其结点数的平方，即在互联网中，当结点即用户之间的连线数以线性形式增长时，信息交流的可能性或交易机会呈指数态势陡然上升，并且在整个网络中没有“中心”或“首脑”区域的存在。Metcalfe 法则的数字表达式为 V(价值)=N^2，N 在这里指用户数，它表明在互联网经济中，随着成本的投入、用户数的增加，收入（或资本化以后的价值）将呈现二次方的增长趋势。从用户的角度考虑，如果虚拟社区只有少数用户，他们只能与数量有限的人交流信息和使用经验、建立关系，而随着社区用户的增加，信息和经验交流及人际关系建立的范围和机会得到扩大，不仅新加入的个人获得较高的效用，所有用户都可能因网络规模的扩大而获取更大的价值，网络的外部性逐渐显示出来。对于虚拟社区的经营者，随着用户规模的扩大，高额的初始投入就会摊薄，平均成本不断下降，从而实现经营方的规模经济。双方的规模经济有机地结合起来，形成强烈的正反馈，将导致虚拟社区的快速发展如图 5.2 所示。

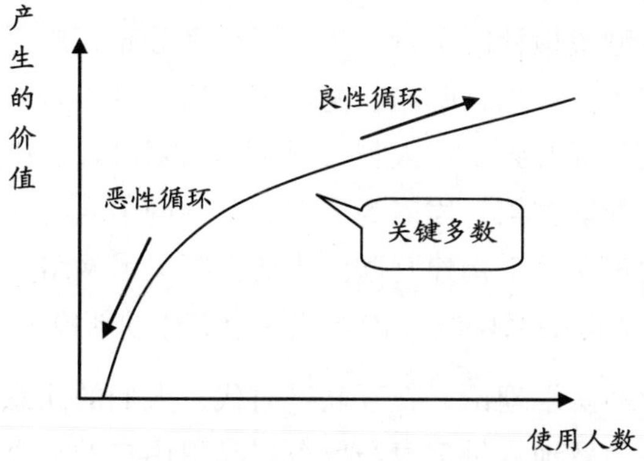

图 5.2　虚拟社区的正反馈效应

5.2.4　锁定效应

互联网经济中的转化成本将比传统经济中的高出许多，因为传统经济中产品的转换仅仅涉及物质产品，而互联网经济中更重要的是需要投入更多的智力成本。当人们已经逐渐习惯了某一标准，而让他们转而投向其他产品是比较困难的，尤其在外部效应发挥作用的情况下更是如此。转换成本将随着网络中的结点数的增加而增加，如一个网络中的十个用户转移到另一个不相容的网络系统，其成本远远大于一个人的转换成本的十倍。网络效应的存在导致了巨大的转换成本，用户更加热衷于一个系统，不会轻易地进行转换，除非技术的先进性足以抵消大部分用户的综合转换成本。锁定成本越高，锁定效应就越强。

就虚拟社区而言，随着用户数量的增多，社区的网络外部性和规模经济逐步增强，现有用户会因为使用习惯、拥有的大量的信息和已经形成的庞大的人际关系网络等原因对虚拟社区形成路径依赖而难以转向其他社区，从而被该社区锁定。

5.3　关系型虚拟社区的价值基础

关系型虚拟社区是社会化网络软件（Social Networking Service）服务技术支撑起来的人们在互联网上的社会化网络。社会化网络软件采用的是分布式技术（即 P2P 技术）构建的新一代基于个人的网络基础软件。利用这个软件建立起来的关系型虚拟社区平台，集成了许多分布式应用，包括即时通信、日志、交友、照片、音乐、邮箱、游戏等。这些种类繁多的集成式应用把过去的“人机对话”提升到了“人与人对话”的新阶段。用户在互联网上的行为从获取信息、处理文档、娱乐为主变为互联网中人与人的对话。用户们基于现实社会里的现实关系构建互联网中的人际关系网络，或者是在互联网上重构自己的虚拟人际关系网络，创造了社会交往的新模式和新的商业价值。

根据注意力经济学理论，在互联网时代，人们的注意力将成为互联网经济价值的基础。免费地提供信息与服务以吸引用户的加入，已成为互联网商业模式的基本原则。互联网行业竞争的加剧，使得传统的商业思维难以为继，注意力资源的稀缺，更显得用户的珍贵。同样，关系型虚拟社区的价值基础也是用户及用户的注意力，特别是有价值的用户的注意力。

关系型虚拟社区的价值产生于客户。社区的创建者利用社会化网络软件搭建好社区平台，为用户免费提供各种应用做好准备。之后，由社区创建者团队的成员通过自己的私人关系网络向自己的朋友发出邀请，邀请朋友们在社区进行注册、创建个人空间、书写日志、上传照片等，接着又以同样的方式让朋友邀请朋友的朋友。用这种滚雪球似的方式及各种能够满足用户某些需求的应用吸引用户加入社区，把用户的信息（包括个人信息和用户生产的信息）及人际关系网络初步留了下来，为以后社区的发展打下了基础。这个阶段，作者可以把它称为阶段 I，阶段 I 是通过提供免费的服务和信息、各类优惠条件和营销手段以吸引用户（注意力）加入的阶段，此时，由于没有获得财务收入，而又需要源源不断地投入资金以维持社区的运转，所以社区是持续亏损的。

关系型虚拟社区的价值发展于客户。注册用户访问社区以便和其他用户进行人际互动、或者寻找新的朋友、或者就是在社区“挂着”。社区拥有的宝贵财富就是注册用户在社区建立的个人空间，个人空间里有用户的个人详细资料，用户创建的希望与他人分享的信息，用户的人际关系网络。社区的经营者利用这些资料对用户进行分析，不断开发出新的应用和服务满足其需求；通过用户的人际关系网络，不断地邀请新的用户加入。社区的经营者通过不断创新，致力于增加用户在社区中花费更多的时间，使用户在个人空间不断创建新的内容，比如上传照片、上传音乐、编写日志、留言等，或者去浏览他人的空间以“消费”他人创建的信息，比如看他人的照片、从他人的空间下载音乐、阅读日志和留言信息等。这个阶段，作者称之为阶段 II，随着网络效应的显现，用户的数量急剧增长，吸引了一些厂商的注意，广告收入及用户消费带来的收入进入高速增长期，相应地单位成本迅速下降。

关系型虚拟社区的价值成熟于客户。在前述吸引注意力、增加注意力之后，最重要的是要锁定注意力。社区通过培养用户之间的人际关系、不断整理成员创作的内容、分析用户信息不断挖掘用户新的需求、利用技术手段改善社区的使用便利性、持续开发新的应用以增加娱乐性等方式，提高用户的转移成本，避免用户发生脱离本社区，“搬到”其他社区的行为。当社区拥有众多的注册用户和页面浏览量时，意味着无限的交易机会和受许多广告客户的青睐。社区已经进入成熟阶段（阶段 III），具有强大的品牌优势，以其友好的界面、稳定的性能、优秀的服务、和谐的社区氛围、美好的发展前景来留住和吸引更多客户，公司的收入在达到盈亏平衡点后，收入继续保持高速成长，平均成本迅速下降，盈利开始暴增。详细的收益增长模式如图 5.3 所示。

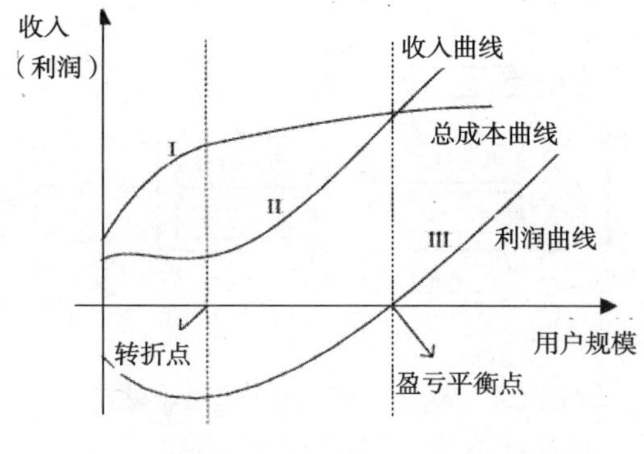

图 5.3　关系型虚拟社区收益增长模式图

5.4 关系型虚拟社区价值实现路径

5.4.1 关系型虚拟社区的商业模式

作为近几年出现的基于互联网的意义非常深远的商业模式，有必要采用商业模式的研究框架对关系型虚拟社区进行深入的价值分析。Timmers 是最早研究商业模式的学者之一，他的创造性工作的重要意义在于他提出了“商业模式是一个复杂的包含多方面内容的复合概念”的观点。Timmers（1998）定义的商业模式包含三个方面：①商业模式是一个关于产品、服务和信息流的系统结构，包括对各种商业活动参与者和他们所承担角色的描述；②它是对各种商业活动参与者及角色的潜在利益的描述；③它是收入来源的描述。因为这个定义勾勒出了商业模式最核心和最关键的因素，所以作者采用这个定义来描述关系型虚拟社区的商业模式，如图 5.4 所示。

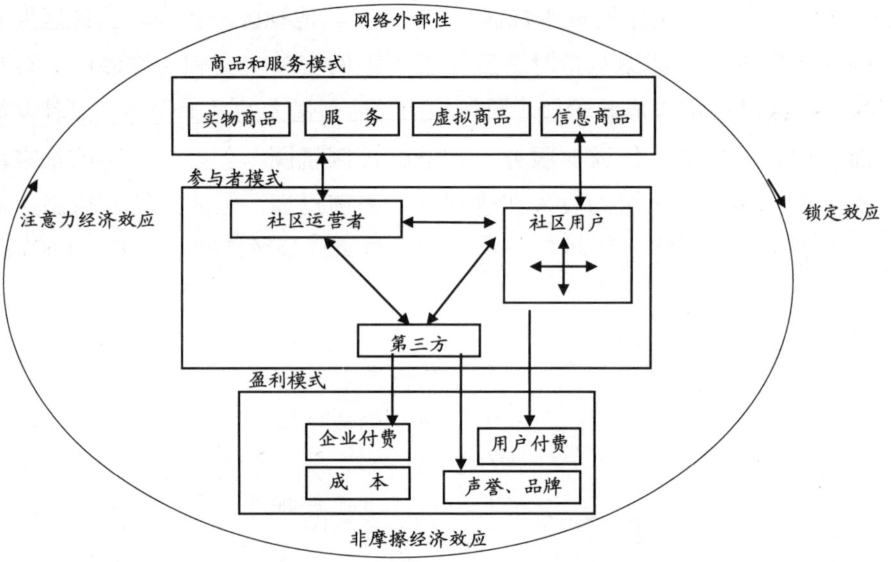

图 5.4 关系型虚拟社区的商业模式

关系型虚拟社区的商业模式包括以下 3 部分：

1. 参与者模式

关系型虚拟社区的参与者模式要考虑的不仅是来自社区内、外部的参与人员，还需要考虑他们的效用。社区内部的参与人员是社区的经营者和社区用户，社区外部的参与人员主要是指第三方厂商。社区的经营者根据其目标客户群的需要而向社区用户提供可感知到利益的商品或者服务；社区用户通过在社区内建立个人空间、创造信息等方式使社区经营者能够对他们的需求进行分析，从而持续创新以不断满足用户的需求；厂商通过社区经营者对用户资料的分析找到自己的目标客户群从而进行扩张市场的活动，虚拟社区帮助厂商扩张市场的独特能力包括：降低厂商与用户的搜寻成本、提高用户的购买欲望；增强定向营销能力；提高产品和服务的个性化特征及增值能力。社区用户在厂商的市场扩张活动中，也获得了满足其需求的产品和服务。社区成员之间也有紧密的互动活动，在这个过程中，信息源源不断地被生产、传播，用户之间的信任和用户对社区的信任不断加强。

2. 商品与服务模式

与参与者模式直接相连的是商品和服务模式。商品又具体划分为实物商品、虚拟商品、信息商品。实物商品是指在虚拟社区内进行交易的对象具有实物形态，该种商品主要是由社区经营者或者第三方厂家提供，以传统的线下物流方式进行配送。虚拟商品是交换物在形态上是虚拟的而非实物的，它只是以价值符号为交易对象，而不以实物为交易对象，比如网络游戏、数字产品等，可以通过网络传输、配送。信息商品从交换物的形态上来说也属于虚拟商品，但在这里单列出来是强调它的特殊性。在虚拟社区，信息商品只有很少一部分是由社区经营者产生的，大部分是由虚拟社区的用户产生的，用户既是信息的生产者也是信息的消费者，用户的双重身份使虚拟社区的信息产品比较特殊，用户产生的信息商品是虚拟社区非常重要的商品，它能够为用户特别是虚拟社区的经营者带来经济利益，能够被交易，因此具有价值并成为虚拟社区价值的重要组成部分。虚拟社区的服务设施及服务水平直接关系到社区与用户之间的关系，是吸引和维持用户的最基础的因素，也是成本构成中份额最大的一部分。

3. 盈利模式

盈利模式是关系型虚拟社区商业模式的基础，并可以追踪社区的收入来源。该模式可以分为成本结构、企业付费、用户付费、声誉和品牌。社区的成本主要由技术投资、员工工资、营销费用、招揽第三方厂商或者广告商的花费等，由于社区的内容由用户生产的，并且能利用用户的人际关系网络招募新的用户，随着用户的增加，社区的单位成本逐渐下降。该模式一个重要的成功因素是各种收入的优化组合。虚拟社区的最终价值来源于社区用户，他们把自己的信息添加到社区提供的平台上，会员费和广告费都是产生收入的来源。

参与者模式居于商品和服务模式及盈利模式中间，既是商品和服务的提供者，又是实现社区经济利益的基本保障。这三个子模式在网络外部性、非摩擦经济效应、注意力经济效应、锁定效应的共同作用下构成了关系型虚拟社区的商业模式，该商业模式没有考虑到外部环境（如市场环境、法律环境、技术环境、竞争者），主要是希望能重点考虑到对虚拟社区自身状况的分析。

5.4.2 关系型虚拟社区的收入构成

互联网已经成为一个新兴的行业，诞生了许多成功的商业模式，而这些商业模式都源于互联网的三种商业属性——媒体属性、市场属性与工具属性。其中，媒体属性指的是互联网作为一个新的媒体所带来的广告收益，是网络营销的平台，各类门户网站、搜索引擎等就具有这种属性，并成为其盈利的主要形式；市场属性是把互联网看作一个交易市场而开展实体物品与虚拟物品的电子商务活动，是市场交易的平台，阿里巴巴、eBay、Amazon、当当网就属于这种属性；工具属性是互联网作为一种工具为用户提供各种服务，是服务的平台，如空中网。从实践方面来看，关系型虚拟社区不仅具有媒体属性，而且具有市场属性，它既是进行互联网营销的平台，也是电子商务交易的平台。

关系型虚拟社区的收入分为用户付费、企业付费、声誉和品牌。用户付费主要是由用户支付产生的收入，包括会员费、增值服务费、商品收入、订阅费等，用户通过付费，能够行使一些特殊的权利。企业付费是来源于第三方厂商或者广告商的收入，包括广告收益、为第三方提供营销服务的收益、交易行为产生的佣金、出租“场地”产生的租金。声誉、品牌属于一种间接的收入，尽管它不能够直接产生现金流，但它对社区的生存与运营有直接的联系，能够提升虚拟社区的无形价值，增加用户的满意感、忠诚感，能够产生口碑效应从而提升企业未来的经济价值。表 5.1 是对各类收入的具体释义。

表 5.1　关系型虚拟社区的收入构成

收入构成	收入类型	释　　义
用户付费	会员费	用户注册成为社区会员，使用社区提供的会员服务的费用。目前而言，会员费一般是不收取的，只有当会员升级为高级会员才会收取一定的费用，并提供更好的会员服务，比如用户邮箱容量升级、下载软件以使用户个人空间具有更多功能等
	增值服务费	根据用户浏览信息或使用社区其他服务的次数、时间、信息量等而进行的收费
	商品收入	分为实物商品收入、虚拟商品收入、信息商品收入。是指通过出售商品给用户所获得的收入。这是关系型虚拟社区作为电子商务交易平台具有市场属性的重要体现
	订阅费	用户定制特定的信息所获得的收入
企业付费	广告收益	广告收益可以具体分为广告费和赞助费。广告费是企业在社区占用一定页面投放广告的花费；赞助费是企业基于特定的营销目的与社区联合进行营销活动所提供的活动费。这是关系型虚拟社区作为互联网营销平台具有的媒体属性的重要体现
	营销服务费	社区利用用户资料为企业提供进一步的营销服务，成为企业与消费者之间营销沟通的渠道。比如向企业提供市场调查活动。
	交易佣金	社区成员达到特定数量而具有市场属性的时候，社区向企业收取促成每笔交易的佣金
	租金收入	社区向企业提供营销“场所”所获得的收入
声誉、品牌	间接收入	目前不能带来直接的现金流，但是能够在未来为社区带来经济收益

5.4.3 关系型虚拟社区的价值实现路径

基于对虚拟社区的发展模式、价值源泉、关系型虚拟社区的价值基础、商业模式、收入构成的深入分析，作者构建了关系型虚拟社区的价值实现路径，来具体描绘价值的生成、转换、实现，如图 5.5 所示。

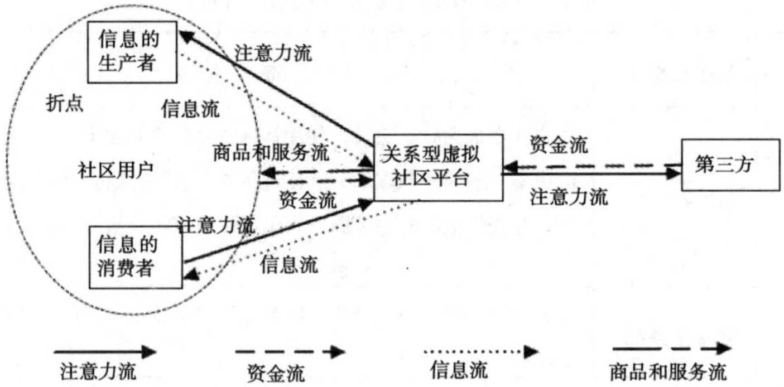

图 5.5 关系型虚拟社区价值实现路径图

从关系型虚拟社区价值实现路径图中，可以看出信息流、资金流、注意力流、商品和服务流在关系型虚拟社区平台、用户、第三方之间进行流动、转化的过程，从而使社区的价值得以实现。在价值实现路径中共有 3 个主体：①社区用户，每一个社区用户都同时拥有两种身份，一是信息的生产者，是为社区平台贡献信息，而信息是吸引注意力的基础；另一个是信息的消费者即消费信息，为平台贡献注意力。因此作者把社区用户这两个身份分开来则更能看清楚上述几种流的流向和它们之间的转换。②关系型虚拟社区平台，平台在价值路径中处于中心地位，各种流都在这里交汇、分散、转换。③第三方，主要是指企业或厂商，他们在社区内发布广告、售卖产品、进行营销活动等，在价值路径里是提供资金的一方，他们需要获得的是社区用户的注意力流。由于本书是研究社区的价值，尽管第三方在社区还可以通过售卖商品盈利，但在此价值路径中作者不把厂商获得的利益标注出来，而仅用注意力（注意力是商品销售的前提）来表示，这样可以更集中地反映社区的价值实现过程。价值路径中有 4 种流：信息流（包括用户资料信息和用户生产的信息）、资金流、注意力流、商品和服务流。身为信息生产者的社区用户在社区平台上建立个人空间，把个人资料和自己生产的信息放在个人空间内，并通过其人际关系网和社区中的其他用户进行互动，源源不断地生产新的信息。这些信息被社区平台提供给了身份为信息消费者的其他用户，其他用户不断消费这些信息并通过社区平台把自己的注意力提供给了信息的生产者。同时，社区平台把用户之间的注意力聚集起来，提供给了第三方企业或厂商，第三方通过广告收益、租金收入、营销服务费、交易佣金等形式把资金提供给了社区平台。社区平台也通过向社区用户售卖商品及提供服务，以会员费、增值服务费、商品收入、订阅费等形式从用户方获利。用户的人际关系网络及信息被社区不断累积成注意力，巨大的注意力流吸引更多的第三方对社区营销平台价值和电子商务平台价值的关注，而用户的注意力则通过社区平台在与第三方的交换中不断转化为资金流，使关系型虚拟社区的商业价值得以实现。

本章引入了虚拟社区的三阶段发展模式，着重分析了关系型虚拟社区的价值源泉、价值基础、商业模式、收入构成、价值实现路径，为个人空间商业价值及关系型虚拟社区的商业价值评估奠定了理论基础。

第6章

关系型虚拟社区商业价值评估模型

许多互联网公司为它们的用户开发了虚拟社区并投入使用，但是对公司本身来说却没有创造什么价值（Balasubramanian 和 Mahajan 2001）。虚拟社区被认为能够增加销售收入、产生积极的口碑效应、增加信息共享，以及丰富的营销研究数据（Brown，2002；Kozinets，2002）。

关系型虚拟社区作为 Web 2.0 中新兴的重要的商业模式，已经形成了以用户为核心、以关系为主导的显著特征，用户既是信息的生产者又是消费者的双重身份，构成了关系型虚拟社区的价值基础。该种类型的虚拟社区为了尽快建立起用户（注意力）资源和品牌知名度，以取得在未来互联网经济中的竞争优势，不计成本地推出各类优惠条件和措施，扩大用户规模。基于此，在研究关系型虚拟社区的商业价值时，应该充分认识到构成其商业价值的已经不再是传统意义上的物质资产，而是已经发展成为基于用户的品牌知名度、市场占有率和未来市场需求控制的信息资产及关系资产，衡量其商业价值的指标也不再仅仅是当前的财务指标，而更侧重于基于所吸引的注意力资源带来的预期收益递增。因此，在进行价值评价时，必须首先明确应将哪些价值评估指标考虑进去。

关系型虚拟社区内的个人空间是社区的基本单位，也是社区价值的所在。本章先利用因子分析方法提炼出影响个人空间的商业价值的因子，构建个人空间的商业价值评测模型，进而基于顾客价值法与现金流折现法构建关系型虚拟社区的价值评估模型。

6.1　个人空间商业价值评价指标筛选

6.1.1　用户参与关系型虚拟社区的动机分析

根据第 3 章利用调查问卷和结构方程模型得出的用户参与关系型虚拟社区的参与机制模型，作者将用户参与社区的动机由强到弱排序为：①在基于现实关系的社区中为娱乐、目的性价值、自我发现、保持人际联系、自我强化；②在基于虚拟关系的社区是目的性价值、保持人际联系、自我发现、娱乐、自我强化。

从以上两种类型的虚拟社区用户不同的参与动机排序中，作者可以发现，用户在参与社区时，关注的重点集中在社区的娱乐性、目的性价值和保持人际联系等方面。由于用户在社区的双重身份，所以参与社区的行为可以划分为用户对自己个人空间的参与和用户对其他用户个人空间的参与。无论是哪种参与行为，都是能够为社区带来商业价值的。

首先，用户在自己的个人空间既有消费行为也有生产行为。消费行为是指社区向用户提供的服务或产品引起用户的购买和消费，这些产品或服务能够满足用户娱乐、保持人际联系等需要，比如社区提供的游戏，特别是可以和其他用户互动的游戏会使用户的参与性积极更高，既满足了用户的娱乐需要，又促进了用户之间的互动，从而满足了他们保持人际联系的需要；用户的生产行为是用户不断生成个人空间的内容，是吸引其他用户到访的基础，是满足自己和其他用户目的性价值、保持人际联系、自我强化需要的关键所在，也是社区价值的基础。

其次，用户对其他个人空间的关注，也是生产行为和消费行为并存。生产行为是指用户访问其他用户的个人空间时进行留言、对其日志的评论行为，这些行为产生的信息可以加强用户之间的互动，又成为吸引其他用户到访的新的信息基础；消费行为是指为其他用户“送礼物”等消费行为，这些行为可以满足用户的目的性价值、保持人际联系、自我发现、娱乐等需要。

6.1.2 影响个人空间商业价值的因素分析

从以上对用户参与社区的动机分析，作者可以将影响个人空间商业价值的因素分为网络结构、个人空间信息的质量和个人空间主人与其他用户的互动性 3 个。

1. 网络结构

关系型虚拟社区的网络结构是影响个人空间以及整个社区商业价值的基础性因素。社区成员之间关系的紧密程度直接体现了他们在社区内的交往活动，成员关系越紧密，访问活动、留言活动、评论活动等将会越多，成员之间的互动将更加频繁。整个社区扁平化、去中心化的特征显示社区当中用户的地位比较平等，几乎不存在能够决定整个社区价值的关键性人物，用户之间的交流与互动是平等的、双向的，这种交流方式说明了每一个用户对社区都是有价值的，只是价值高低有差别，也决定了计算每个个人空间商业价值的必要性。

2. 个人空间信息的质量

个人空间信息是社区最重要的信息，其质量高低直接决定着个人空间的受关注程度和被接受程度，影响用户之间的互动行为，进而影响个人空间及整个社区的商业价值。个人空间的信息分别来源于个人空间主人和其他用户。作为主人在社区的“家”，个人空间承载着主人大量的信息，包括主人的个人信息，如姓名（网名）、职业、所在地、背景等；主人生成的信息，如书写的日志、上传的照片、下载的音乐等。这些信息能够满足其他用户的特定需求，信息对其他用户的有用性决定了信息的价值。其他用户在该个人空间产生的信息主要是用户的留言以及对日志的评论信息，这些信息体现了其他用户与主人的互动以及该个人空间受关注的程度，也体现了个人空间的时效性，并成为吸引其他用户的基础。

在网络信息资源评价体系中，信息质量是评价网络信息资源的一个重要指标。该指标比较难以量化，作者认为信息的时效性、丰富程度、连续性、可信度可以反映信息质量。信息的时效性是指信息的更新程度；信息的丰富程度是指信息的广度和深度；信息的连续性是指信息的前后连贯、内容的连续性；信息的可信度是指信息的真实性与可被信赖的程度。信息的时效性越强、内容越丰富、越有很强的连续性和较高的可信度，则信息的质量越高。空间总访问量、空间总留言数、日志总数、日志总访问量、日志总评论数、链接数等量化指标可以从一定程度上反映信息的质量。

3. 个人空间主人和其他用户的互动

关系型虚拟社区是基于建立和发展社会关系而建立起来的，用户之间的互动则是维系和发展关系的最主要的手段。互动性体现的是关系的广度与深度。互动性越强，越能增进用户间的关系，提高个人空间受关注的程度和影响力，并且能够更容易地发展新的关系。随着原有关系的巩固和新的关系的不断建立，个人空间带来的巨大的注意力是商业价值的基础。好友总数，游戏，礼物总数，链接数，加入的群组数，参与的活动数能够反映个人空间主人和其他用户的互动情况。

6.1.3　个人空间商业价值评价指标的构建

作者通过上述分析、文献研究及亲身实践，采用空间总访问量、空间总留言数、日志总数、日志总访问量、日志总评论数、好友总数、游戏、礼物总数、链接数、加入的群组数共 10 个指标来衡量基于现实关系的关系型虚拟社区中个人空间的商业价值；采用空间总访问量、空间总留言数、日志总数、日志总访问量、日志总评论数、好友总数、游戏数、链接数、活动数共 9 个指标来衡量基于虚拟关系的关系型虚拟社区中个人空间的商业价值。其中，空间总访问量是指其他用户到访空间的访问量总数。空间的总访问量越多，表明该空间吸引的注意力越多，用户对该空间的关注度越高，则其商业价值就可能越大。空间总留言数指的是其他用户到访空间与空间主人在空间内的沟通交流，此数值不包含日志评论数，这个数值越高，则表明双方的互动与交流越频繁，对用户的持续吸引越大。日志总数是空间主人撰写的所有日志数量，作者认为，日志总数越多，越能展示空间主人更多的信息和资料，则越可能会持续吸引用户到访，从而带来持续的关注和流量。日志总访问量就是其他用户阅读日志的数量，是注意力的重要体现。日志总评论数是其他用户阅读日志后对日志的评论数量。本章认为日志总访问量和总评论数越多，越能反映其他用户对空间的认知和关注程度，则该空间的商业价值可能越大。好友总数是空间主人在社会化网络网站中认识的朋友数量总和，这个数值越高，表明空间主人的社会网络越广泛，由此带来的社会资本也就可能越多，营销价值就可能越大。游戏是个人空间娱乐性的一种体现，也是网站对用户进行电子商务的一种产品类型。礼物总数是指空间主人得到其他用户赠送的所有礼物的总数，这个指标既是用户之间关系的体现，也是网站开展电子商务的重要产品类型。链接数是指空间主人从其他用户处链接的一些内容总数，对社区其他用户所发布的信息越认同，越有意愿链接这些信息，与他人共享，因此表现的是对社区的归属感、认同感。加入的群组数或者活动数是空间主人参与的该网站社交圈的数目或者参与社区活动的数量，参与的越多，表明对社区的认同性越高、嵌入性越深。

6.2 基于现实关系的个人空间价值评价

作者采用空间总访问量、空间总留言数、日志总数、日志总访问量、日志总评论数、好友总数、游戏总数、礼物总数、链接数、加入的群组数共 10 个指标来衡量基于现实关系的关系型虚拟社区个人空间的商业价值。

本章同样选择校内网（www.xiaonei.com）作为研究对象，在 10 日内随机截取了 230 个样本量，经过整理，得到 193 个有效样本。

6.2.1 描述性统计分析

1. 空间总访问量

在 193 个实际有效样本中，空间总访问量的最大值为 51 517，最小值为 3，平均值为 2297.45。这说明本书的数据在结构上覆盖范围比较大。图 6.1 展示了空间总访问量的直方图。

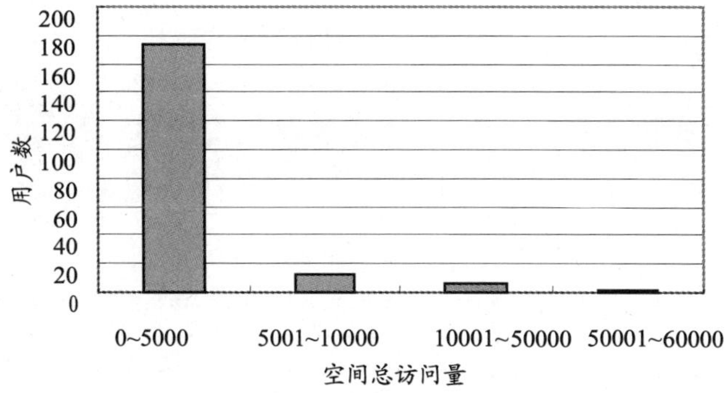

图 6.1　空间总访问量直方图

从图 6.1 中可以看出，绝大部分个人空间的访问量集中在 5000 以内，只有较少数的个人空间的总访问量超过 10000。这一方面是由于校内网这种基于现实关系的虚拟社区建立时间不长，另一方面也比较符合当前的实际形势。虚拟社区用户的交往对象多集中于熟人之间，由于精力和时间的限制，对他人空间的访问量不会特别高。

2. 空间总留言数

在 193 个实际有效样本中，空间总留言数最大值为 9428，最小值为 0，平均值为 707.16。图 6.2 展示了空间总留言数的直方图。

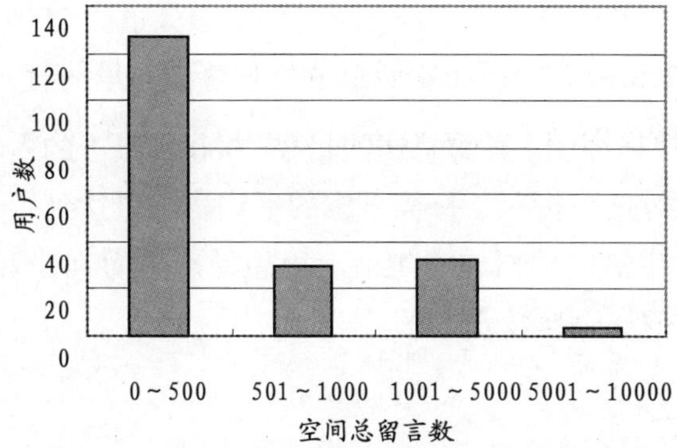

图 6.2　空间总留言数直方图

从图 6.2 中可以看出，空间总留言数绝大部分集中在 500 条以内，501~5000 也有少量分布，只有一个人的超过了 9000 条。这表示了个人在虚拟社区的交流只是其众多交流方式的一种。

3．日志总数

在 193 个实际有效样本中，日志总数最大值为 335 篇，最小值为 0 篇，平均值为 24.15 篇。图 6.3 展示了日志总数的直方图。

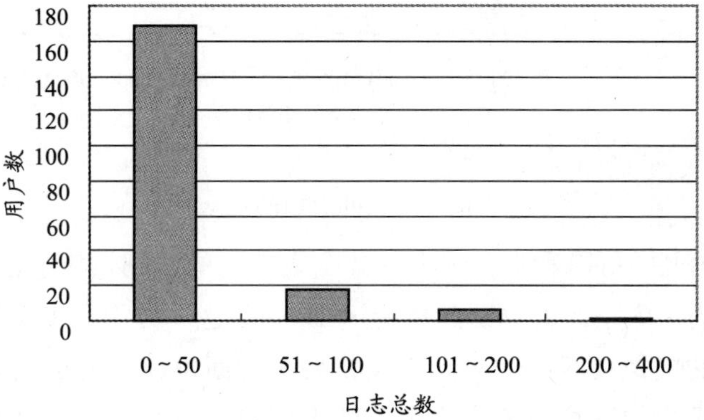

图 6.3　日志总数直方图

从图 6.3 中可以看出，大部分个人空间的日志总数在 50 篇以内，日志总数在 51~200 的也有一小部分。这显示了大部分个人空间的日志数量不多。

4．日志总访问量

在 193 个实际有效样本中，日志总访问量最大值为 20071 次，最小值为 0 次，平均值为 1295.19 次。图 6.4 展示了日志总访问量的直方图。

从图 6.4 中可以看出，日志总访问量在 2000 次以下的占了绝大部分比例。如果参照日志总数这个指标，每篇日志的平均访问量达到了 54 次。日志一般反映的是个人对生活的感悟或者生活、思想动态，而其读者一般为个人的朋友，因此这个数值还是比较正常的。

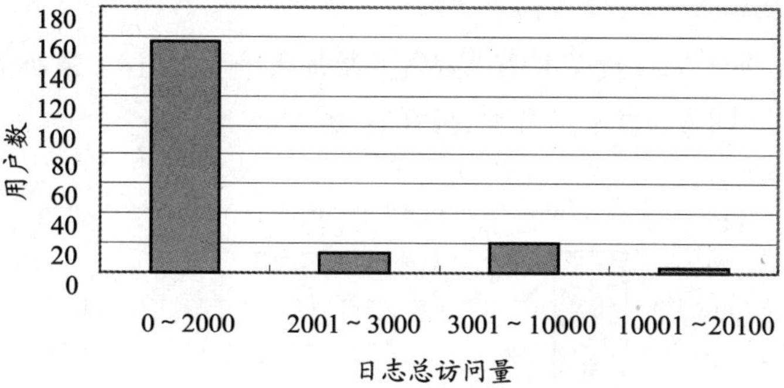

图 6.4　日志总访问量直方图

5. 日志总评论数

在 193 个实际有效样本中，日志总评论数的最大值为 2690 条，最小值为 0 条，平均值为 143.26 条。图 6.5 展示了日志总评论数的直方图。

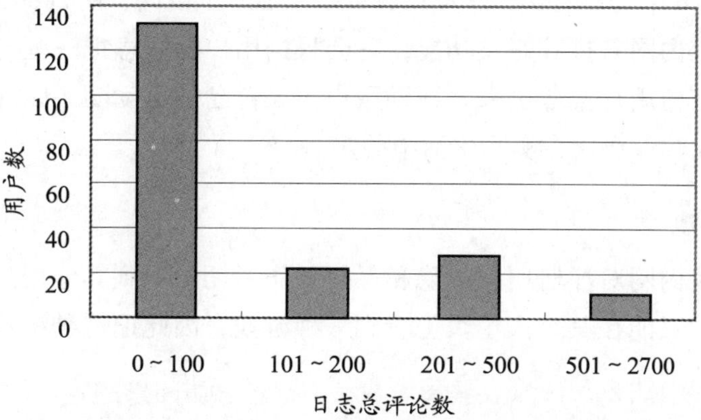

图 6.5　日志总评论数直方图

从图 6.5 中可以看出，个人空间的日志总评论数不高，绝大部分集中在 100 条以内，101~500 条有少量分布，日志总评论数在 500 条以上的个人空间所占的比例较小。这显示了读者与空间主人之间的交流和互动不是很多。

6. 好友总数

在 193 个实际有效样本中，好友总数最大值为 1014，最小值为 0，平均值为 191.74。图 6.6 显示了好友总数的直方图。

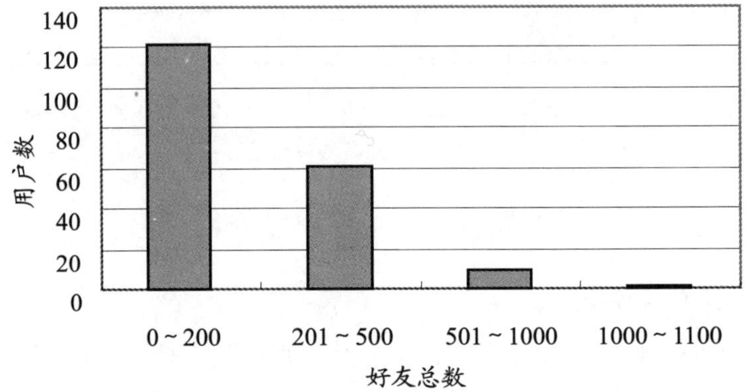

图 6.6 好友总数直方图

从图 6.6 中可以看出，好友总数集中在 200 个以内，在 200~500 也有一部分比例。校内网有推荐好友功能，它会根据用户的信息把一些与用户具有相似特点的其他用户推荐过来，帮助用户扩大自己的交际圈。因此，用户在网络上的好友数量要比在实际生活中的多。

7. 游戏

由于校内网对注册用户的隐私保护，作者无法看到其他用户参与的全部游戏种类，只能在其个人主页上看到一种游戏，因此把这种游戏的有无作为衡量游戏的指标。

8. 礼物总数

在 193 个实际有效样本中，礼物总数的最大值为 380 个，最小值为 0 个，平均值为 11.36 个。图 6.7 显示了礼物总数的直方图。

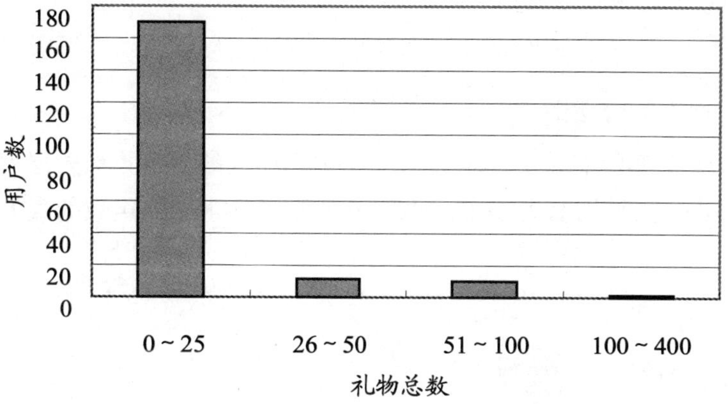

图 6.7　礼物总数直方图

由图 6.7 中可以看出，礼物总数集中在 25 个以内， 26 ~ 100 个占的比例比较小。相对于每个用户所拥有的好友总数，礼物总数的值偏低。

9．链接数

在实际 193 个有效样本中，链接数的最大值是 826，最小值是 0，平均值是 65.37。图 6.8 显示了链接数的直方图。

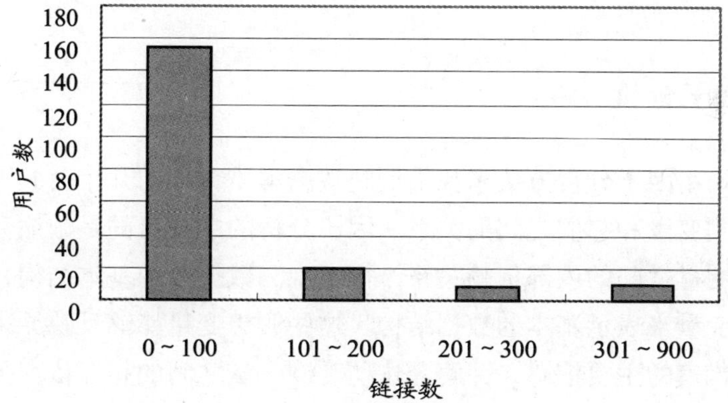

图 6.8　链接数直方图

从图 6.8 中可以看出，链接数主要集中在 100 个以内，100 个以上所占的比例比较小。

10. 加入的群组数

在 193 个实际有效的样本数据中，用户加入的群组数最大值为 106 个，最小值为 0 个，平均值为 11.02。图 6.9 显示了加入的群组数的直方图。

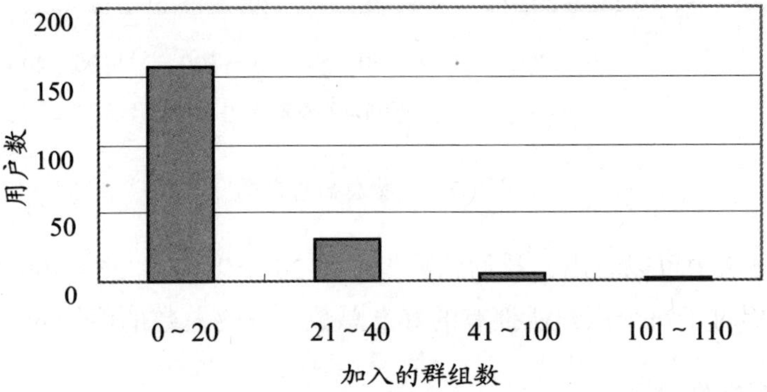

图 6.9 加入的群组数直方图

从图 6.9 中可以看出，加入的群组数主要集中在 20 个以内，21 ~ 40 也有少量分布。

6.2.2 因子分析

本章采用因子分析方法来找出反映数据本质特征的几个公共因子并分析原来的观测变量和它们之间的关系。因子分析的主要目的是浓缩数据，通过研究众多变量之间的内部依赖关系，探求观测数据中的基本结构，并用少数几个假想变量来表示基本的数据结构。这些假想变量能够反映原来众多的观测变量所代表的主要信息，并解释这些观测变量之间的相互依存关系。即以最少的信息丢失把众多的观测变量浓缩为少数几个因子来反映原始资料的大部分信息。

1. KMO检验和巴特利特球体检验

不是所有的多变量数据都适合采用因子分析方法，因此作者首先要检验所有数据是否适合做因子分析。本章利用 KMO 检验和巴特利特球体检验来判断变量是否适合做因子分析。

KMO（Kaiser-Meyer-Olkin Measure of Sampling Adequacy）测度从比较观测变量之间的简单相关系数和偏相关系数的相对大小出发，其值的变化范围为 0 ~ 1。当所有变量之间的偏相关系数的平方和远远小于简单相关系数的平方和时，KMO 值接近 1。KMO 值较小时，表明变量偶对之间的相关不能被其他变量解释，观测变量不适合做因子分析（郭志刚，1999）。通常按以下标准解释该指标值的大小：KMO ≥ 0.9，非常好；KMO ≥ 0.8，好；KMO ≥ 0.7，一般；KMO ≥ 0.6，差；KMO ≥ 0.5，很差；KMO 在 0.5 以下，不能接受（Joseph，1995）。

巴特利特球体检验（Bartlett test of Sphericity）的目的在于确定所要求的数据是否取自多元正态分布的总体。其虚无假设是“相关矩阵是一个单位矩阵”，即“相关矩阵对角线上所有元素为 1，所有非对角线上元素值为 0”。若差异检验的 F 值显著，表示该相关矩阵不是单位矩阵，所取数据来自正态分布总体，可以做进一步分析，通常采用相关矩阵行列式的卡方检验（章文波、陈红艳，2006）。如果不能拒绝该假设的话，应该重新考虑因子分析的使用。

运行 SPSS15.0 软件所得检验结果如表 6.1 所示。

表 6.1　KMO 检验和巴特利特球体检验

KMO 检验		0.734
巴特利特球体检验	近似卡方分布	831.733
	自由度	45
	显著性	0.000

根据检验结果，该类数据的 KMO 检验值为 0.734，大于 0.7，表明这些数据适合做因子分析。Bartlett 球体检验的 F 值为 0.000，小于显著性水平 0.05，表明数据来自正态分布总体，因此拒绝 Bartlett 球体检验的零假设，认为数据适合于因子分析。

因此，根据 KMO 检验和 Bartlett 球体检验的结果，可知收集的数据适合做因子分析。

2. 因子提取

本章使用 SPSS15.0 软件运用主成分法来提取公共因子，得出因子全部解释方差。因子提取和因子旋转结果如表 6.2 所示。因子 1 的特征值为 4.032，其所解释的方差占总方差的 40.324%；因子 2 的特征值为 1.357，该因子方差占总方差百分比的累计百分比为 53.889%；因子 3 的特征值为 1.125，该因子方差占总方差百分比的累计百分比为 65.137% ，因子 4 的特征值为 0.987，该因子方差占总方差百分比的累计百分比为 75.008%。

表 6.2　因子提取与因子旋转结果

因子	初始特征值			未经旋转的因子载荷的平方和			旋转后的因子载荷的平方和		
	特征值	占比	累计占比	特征值	占比	累计占比	特征值	占比	累计占比
1	4.032	40.324	40.324	4.032	40.324	40.324	2.599	25.994	25.994
2	1.357	13.566	53.889	1.357	13.566	53.889	2.328	23.284	49.278
3	1.125	11.248	65.137	1.125	11.248	65.137	1.385	13.854	63.132
4	0.987	9.871	75.008	0.987	9.871	75.008	1.188	11.876	75.008
5	0.904	9.044	84.052						
6	0.512	5.123	89.175						
7	0.381	3.815	92.989						
8	0.337	3.373	96.362						
9	0.212	2.115	98.478						
10	0.152	1.522	100.000						

提取方法：主成分法

图 6.10 是因子分析结果的碎石图。碎石图的 *Y* 轴为特征值，*X* 轴为特征序号，特征值按照大小进行了排序。

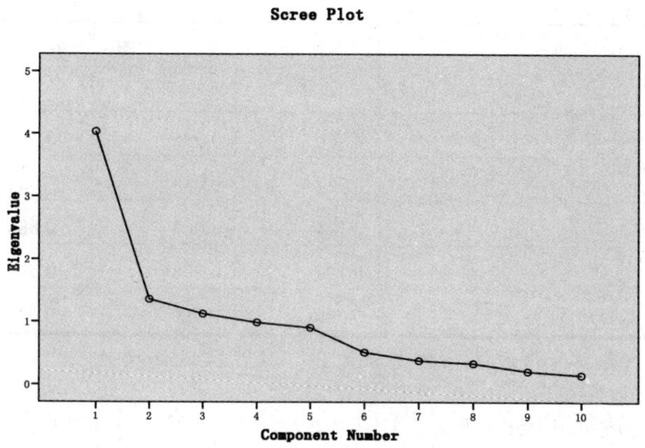

图 6.10　碎石图

公共因子的确定一般有以下几个准则：特征值准则，即取特征值大于等于 1 的因子将被选到。根据公共因子在变量总方差中所占的累计百分数比例，一般特征值为 70～80；碎石检验准则，按特征值大小排列的因子序号图，找出明显的拐点。公共因子数量的确定一般很少依赖某一准则，而是结合几个准则进行判断。保留的因子是否有意义，是否能够被解释，也是确定因子时应该考虑的一个重要方面（郭志刚，1999）。

按照文章前文的分析，结合因子分析的结果，本书将提取 4 个因子。

3．因子命名

利用 SPSS15.0 进行数据分析，按照方差极大法对因子载荷矩阵旋转后因子载荷系数取值明显更加极端，得到结果如表 6.3 所示。

表 6.3　旋转后的因子载荷矩阵

	因子			
	1	2	3	4
空间总留言数	0.893	0.108	0.198	0.054
礼物总数	0.811	0.063	0.101	0.326
好友总数	0.651	0.304	0.366	－0.343
空间总访问量	0.649	0.378	－0.016	－0.384
日志总数	－0.076	0.874	0.184	0.095

续表

	因子			
	1	2	3	4
日志总评论数	0.360	0.785	0.165	0.150
日志总访问量	0.322	0.783	0.034	−0.265
链接数	0.124	0.062	0.888	0.130
加入的群组数	0.199	0.278	0.592	−0.283
游戏	0.080	0.059	−0.020	0.784

提取方法：主成分法。旋转方法：方差极大法。经5次迭代收敛。

从表6.3旋转后的因子载荷矩阵可以看出，第1个因子在空间总留言数、礼物总数、好友总数、空间总访问量这4个变量上有较高的载荷。因子1主要反映了空间主人与他人的关系。空间总访问量和空间总留言数体现的是朋友到该空间的总体到访情况及与主人的互动情况。礼物总数表示的是朋友对空间主人感情的交流、关系的深浅，作者可以认为，与空间主人的关系越亲密，送的礼物数就越多。朋友总数是空间主人在该虚拟社区上所有关系的总和。鉴于此，作者把第1个因子命名为“关系度”因子。

第2个因子在日志总数、日志总评论数、日志总访问量这3个指标上有较高的载荷。日志总数指标反映了该个人空间所蕴含的信息量，如果日志数量越多，则说明该空间蕴含的信息量越大，越能够反映该空间主人的工作、生活、学习状况及兴趣所在。日志总评论数和日志总访问量从吸引力的角度反映了个人空间所蕴含的信息量，即该空间蕴含的信息量越大，越会吸引他人阅读与评论，并且一些用户的评论又会变成该空间上新的信息，重新吸引用户关注。因此作者把这一因子命名为“信息量”因子。

第3个因子在链接数和加入的群组数两个指标上有较高的载荷。链接数和加入的群组数主要体现了该空间主人对所在的虚拟社区的认同感与归属感。他越是对该虚拟社区有强烈的认同，越会主动链接该社区的一些信息与他人分享，越会主动参与社区的一些活动及群组。因此把第3个因子命名为“嵌入性”因子。

第4个因子仅在游戏这个指标上有较高的因子载荷。游戏指标反映的是空间主人的娱乐性，因此作者把该因子命名为“娱乐性”因子。

通过因子得分的协方差矩阵，如表 6.4 所示，可以看出，4 个因子完全是正交的、不相关的。这说明提取的 4 个因子能够相互独立、互不相关，且能够解释原有 10 个变量所包含的信息。

表 6.4　因子变量的协方差矩阵

因子	1	2	3	4
1	1.000	0.000	0.000	0.000
2	0.000	1.000	0.000	0.000
3	0.000	0.000	1.000	0.000
4	0.000	0.000	0.000	1.000

提取方法：主成分法。旋转方法：方差最大正交旋转法。

6.2.3　个人空间商业价值计算模型建立

1．因子计算函数

在为 4 个因子命名之后，根据 SPSS15.0 计算出的因子得分系数矩阵，如表 6.5 所示，作者可以得到 4 个因子的计算函数。

表 6.5　因子得分系数矩阵

	因子			
	1	2	3	4
空间总访问量	0.265	0.063	− 0.213	− 0.290
空间总留言数	0.414	− 0.142	− 0.012	0.075
日志数量	− 0.248	0.500	0.041	0.154
日志总访问量	0.004	0.365	− 0.167	− 0.160
日志总评论数	0.006	0.370	− 0.046	0.202
好友总数	0.207	− 0.040	0.149	− 0.253
游戏	0.049	0.085	− 0.028	0.683
礼物	0.403	− 0.114	− 0.072	0.303
链接数	− 0.120	− 0.124	0.778	0.138
加入的群总数	− 0.072	0.002	0.450	− 0.206

提取方法：主成分法。旋转方法：方差最大正交旋转法。

设空间总访问量、空间总留言数、日志总数、日志总访问量、日志总评论数、好友总数、游戏、礼物总数、链接数、加入的群组数分别用 X_1，X_2，X_3，X_4，X_5，X_6，X_7，X_8，X_9，X_{10} 表示，则因子得分矩阵如下：

$$
\begin{aligned}
F_1&=0.265X_1+0.414X_2-0.248X_3+0.004X_4+0.006X_5+0.207X_6+0.049X_7+0.403X_8-0.12X_9-0.072X_{10}\\
F_2&=0.063X_1-0.142X_2+0.50X_3+0.365X_4+0.370X_5-0.04X_6+0.085X_7-0.114X_8-0.124X_9+0.002X_{10}\\
F_3&=-0.213X_1-0.012X_2+0.041X_3-0.167X_4-0.046X_5+0.149X_6-0.028X_7-0.072X_8+0.778X_9+0.45X_{10}\\
F_4&=-0.29X_1+0.075X_2+0.154X_3-0.16X_4+0.202X_5-0.253X_6+0.683X_7+0.303X_8+0.138X_9-0.206X_{10}
\end{aligned}
\tag{6.1}
$$

从该公式可以看出，关系度因子 F_1 主要与空间总留言数、礼物总数、好友总数、空间总访问量 4 个指标有关系，且与这 4 个指标正相关。这说明空间的总留言数越高，空间主人与来访者的互动性就越好，关系越紧密，该空间的黏性越大，越有价值。礼物总数值越大，表明空间主人与朋友们的关系越密切，关系越好，朋友们舍得用积分或金钱来为该空间主人购买礼物以加强关系，该空间的价值性越强。好友总数越多，说明空间主人的关系网越大，借此关系网维持和发展关系的能力越强，对其他陌生人就越有吸引力，价值性越强。空间总访问量高，则表明该个人空间受关注的程度较高、关系广泛、价值越大。日志总访问量、日志总评论数和游戏这 3 个指标对信息量因子的影响比较弱。而日志总数、链接数和加入的群组数 3 个指标与关系性因子之间是负相关关系，这是由于空间主人在维护和建立新的关系方面花费的时间较多，相应地其在撰写日志、链接、加入群组参与虚拟社区活动等方面花费的时间少了。

个人空间的信息量因子 F_2 主要跟日志总数、日志总评论数、日志总访问量指标相关，并且呈正相关关系。日志包含有空间主人巨大的信息量，通过阅读日志，可以加深对空间主人的了解，获取有用的知识或者经验。日志总数越大，蕴含的信息量就越大。日志总评论数体现了读者对该个人空间的关注度和认同度，进而说明该个人空间所拥有的信息量对某些读者的价值较大。日志总访问量体现了对读者的价值，日志总访问量大表明日志的总数量较大或者日志的质量较高，其包含的信息量比较大，能够获得大量的关注。因此这 3 项指标与信息量因子之间是正相关关系。而其他指标对信息量因子的影响比较小，是弱相关关系。

个人空间的嵌入性因子 F_3 主要与链接数和加入的群组数指标相关。链接数在这里体现的是对他人空间信息的共享与认同，这种认同感与归属感越强烈，表示该空间在虚拟社区中的嵌入性越深。加入的群组数越多，表明空间主人参与社区的组织与活动越多，对虚拟社区的认同感越强、嵌入性越深。

个人空间的娱乐性因子 F_4 主要与游戏指标呈正相关关系，与其他指标关系较弱。

2．个人空间商业价值计算模型

根据表 6.2 因子提取与因子旋转结果，个人空间的关系度因子、信息量因子、嵌入性因子、娱乐性因子的累计方差贡献率为 75.008%，其中关系度因子所占的方差贡献率为 40.324%，信息量因子所占的方差贡献率为 13.566%，嵌入性因子所占的方差贡献率为 11.248%，娱乐性因子所占的方差贡献率为 9.871%。本书按照这 4 个因子分别占 4 个因子累计方差贡献率的比值来计算 4 个因子的系数。据此，个人空间关系度因子所占的 4 个因子累计方差贡献率的比值为：40.324%/75.008%=0.54。信息量因子所占的 4 个因子累计方差贡献率的比值为：13.566%/75.008%=0.18。嵌入性因子所占的 4 个因子累计方差贡献率的比值为：11.248%/75.008%=0.15。娱乐性因子所占的 4 个因子累计方差贡献率的比值为：9.871%/75.008%=0.13。

由此得出个人空间在当期时点的商业价值 v_0：

$$v_0=0.54F_1+0.18F_2+0.15F_3+0.13F_4 \tag{6.2}$$

其中，

$$F_1=0.265X_1+0.414X_2-0.248X_3+0.004X_4+0.006X_5+0.207X_6+0.049X_7+0.403X_8-0.12X_9-0.072X_{10}$$
$$F_2=0.063X_1-0.142X_2+0.50X_3+0.365X_4+0.370X_5-0.04X_6+0.085X_7-0.114X_8-0.124X_9+0.002X_{10}$$
$$F_3=-0.213X_1-0.012X_2+0.041X_3-0.167X_4-0.046X_5+0.149X_6-0.028X_7-0.072X_8+0.778X_9+0.45X_{10}$$
$$F_4=-0.29X_1+0.075X_2+0.154X_3-0.16X_4+0.202X_5-0.253X_6+0.683X_7+0.303X_8+0.138X_9-0.206X_{10}$$

F_1 表示个人空间的关系度因子，F_2 表示信息量因子，F_3 表示嵌入性因子，F_4 表示娱乐性因子。X_1 表示空间总访问量，X_2 表示空间总留言数，X_3 表示日志总数，X_4 表示日志总访问量，X_5 表示日志总评论数，X_6 表示好友总数，X_7 表示游戏，X_8 表示礼物总数，X_9 表示链接数，X_{10} 表示加入的群组数。

由此表明，个人空间当期时点的商业价值计算公式里，关系度因子所占的比率为 0.54,信息量因子所占的比例为 0.18,嵌入性因子所占的比例为 0.15,娱乐性因子所占的比例为 0.13。在计算个人空间当期时点的商业价值时，这 4 个因子都不能够忽略。而关系度因子对商业价值的影响最大，这也验证了基于现实关系的虚拟社区内关系的重要性。

计算个人空间的商业价值时，要考虑到个人空间的未来增长情况及时间价值，因此作者将个人空间的商业价值定义为现值与未来变化值的折现之和。以月度为周期，计算虚拟社区内一个个人空间的商业价值 v 为：

$$v = v_0 + \sum_{t=1}^{\infty} \frac{v_t - v_{t-1}}{(1+i)^t} \tag{6.3}$$

式中，i 为折现率。将周期定为无限，主要基于以下考虑：①不能确切判断一个空间的存在时间；②折现率确保了远期收益对个人空间价值的边际贡献递减。个人空间在未来某一期的价值 v_t 可通过对历史数据的回归趋势预测得到。

实际上，个人空间的商业价值是一个连续变化的过程，为将式（6.3）扩展到连续空间，作者将月折现率 i 分为 m 等份，月末时折现率为 $1/[1+(i/m)]^m$。当 m 趋于无穷时，折现率为 e^{-im}。由此可以得到动态的个人空间商业价值模型：

$$v = v_0 + \int_{t=1}^{\infty} (v_t - v_{t-1})\,\mathrm{e}^{-it}\mathrm{d}t \tag{6.4}$$

6.3 基于虚拟关系的个人空间价值评价

本章采用空间总访问量、空间总留言数、日志总数、日志总访问量、日志总评论数、好友总数、游戏、链接数、活动共 9 个指标来衡量基于虚拟关系的关系型虚拟社区中个人空间的商业价值。

本章同样选择百度空间（hi.baidu.com）作为研究对象，并在 2008 年 10 月 5~15 日进行数据收集，随机截取了 245 个样本量，经过整理，得到 178 个有效样本。

6.3.1　描述性统计分析

1．空间总访问量

在 178 个有效样本中，空间总访问量的最大值为 490519，最小值为 1，平均值为 23697.2。这说明本书的数据在结构上覆盖范围比较大。图 6.11 展示了空间总访问量的直方图。

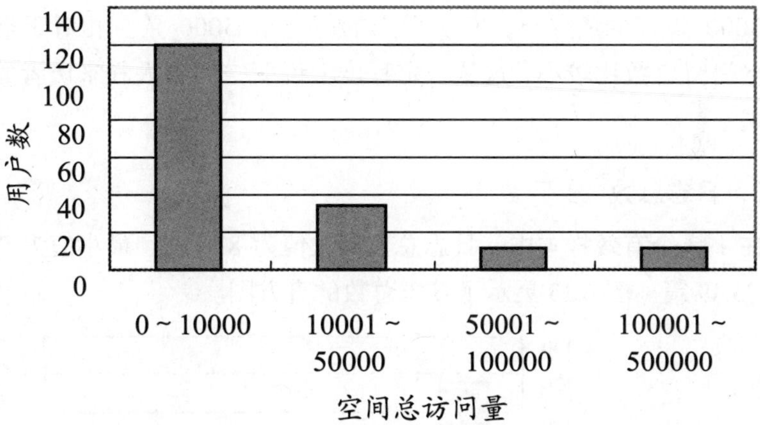

图 6.11　总访问量直方图

从图 6.11 中可以看出，绝大部分个人空间的访问量集中在 100 000 以内，只有较少的个人空间的总访问量超过 100 000。这种分布情况比较符合当前开放的个人空间的实际形势，大部分个人空间没有得到其他用户的强烈关注。

2．空间总留言数

在 178 个有效样本中，空间总留言数最大值为 5371，最小值为 0，平均值为 159.89。图 6.12 展示了空间总留言数的直方图。

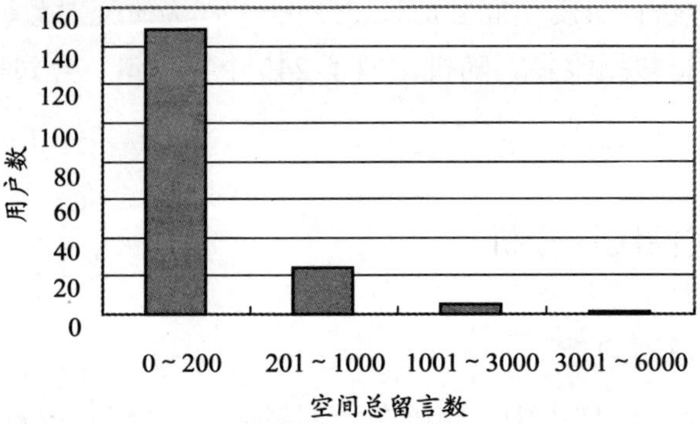

图 6.12　空间总留言数直方图

从图 6.12 中可以看出，空间总留言数绝大部分集中在 200 条以内，201~3000 条有少量分布，有一个人的超过了 5000 条。相对于空间总访问量，空间留言数比较小，这从一定程度上说明空间主人和来访者的交流不是很频繁。

3. 日志总数

在 178 个有效样本中，日志总数最大值为 838 篇，最小值为 0 篇，平均值为 73.49 篇。图 6.13 展示了日志总数的直方图。

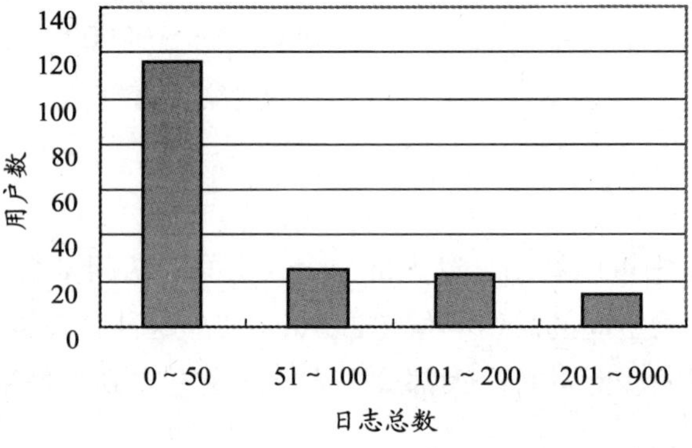

图 6.13　日志总数直方图

从图 6.13 中可以看出，大部分个人空间的日志总数在 200 篇以内，日志总数在 200 篇以上的也有少部分。这显示了大部分个人空间的日志数量不多，也从侧面反映了空间主人更新日志的频率不是特别高。

4. 日志总访问量

在 178 个有效样本中，日志总访问量最大值为 291068 次；最小值为 0 次，平均值为 9343.79 次。图 6.14 展示了日志总访问量的直方图。

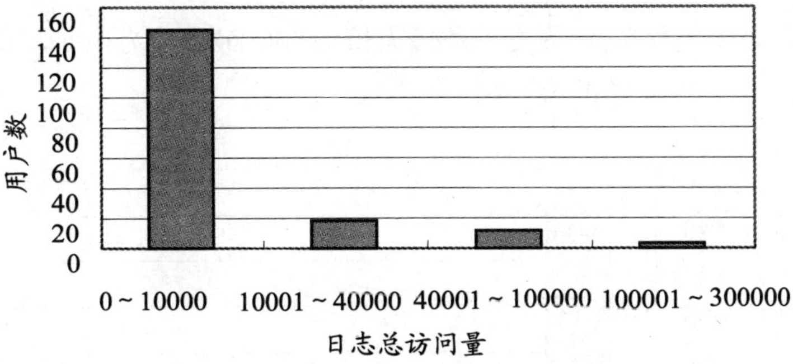

图 6.14　日志总访问量直方图

从图 6.14 中可以看出，日志总访问量在 10000 次以下的占了绝大部分比例。如果参照日志总数这个指标，每篇日志的平均访问量达到了 127 次。

5. 日志总评论数

在 178 个实际有效样本中，日志总评论数的最大值为 760 条，最小值为 0，平均值为 142.92 条。图 6.15 展示了日志总评论数的直方图。

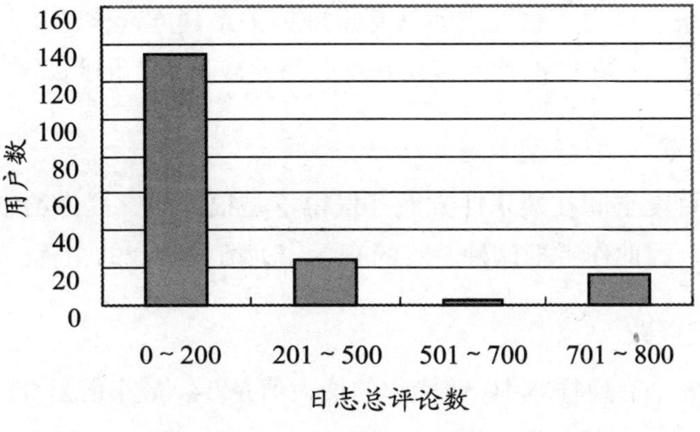

图 6.15　日志总评论数直方图

从图 6.15 中可以看出，个人空间的日志总评论数不高，绝大部分集中在 200 条以内，日志总评论数在 200 条以上的个人空间也占了一定比例。这显示了读者与空间主人之间的交流与互动不频繁。

6. 好友总数

在 178 个有效样本中，好友总数最大值为 500，最小值为 0，平均值为 50.64。图 6.16 显示了好友总数的直方图。

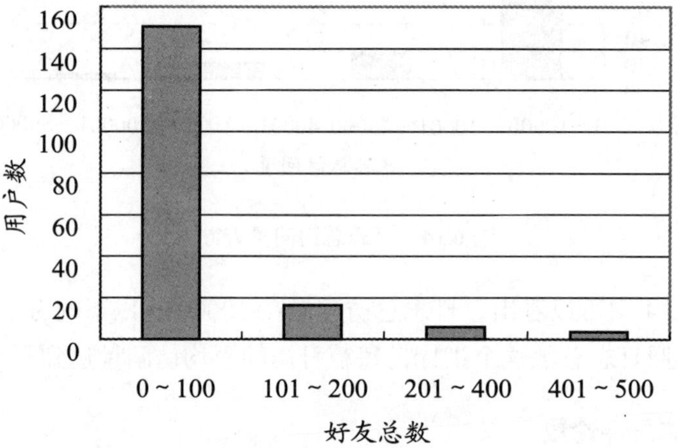

图 6.16　好友总数直方图

从图 6.16 中可以看出，好友总数集中在 100 个以内，100 个以上所占的比例不是很多。由于百度空间是基于虚拟关系建立起来的，其用户身份的匿名性决定了用户在虚拟社区建立好友关系比较谨慎，因此好友数量不是很多。

7. 游戏

由于百度空间在娱乐性方面开发得不是很到位，提供给空间用户的游戏只有一种，因此作者把这种游戏的有无作为衡量游戏的指标。

8. 链接数

在 178 个有效样本中，链接数的最大值是 34，最小值是 0，平均数是 3.99。图 6.17 显示了链接数直方图。

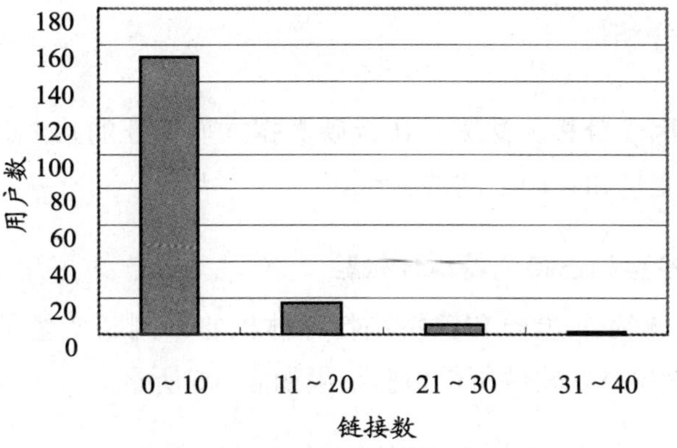

图 6.17　链接数直方图

从图 6.17 中可以看出，链接数主要集中在 10 以内，10 以上所占的比例比较小。

9．活动数

在 178 个有效样本数据中，参加活动的数量最大值为 7388 个，最小值为 0 个，平均值为 229.26 个。图 6.18 显示了参加活动的数量的直方图。

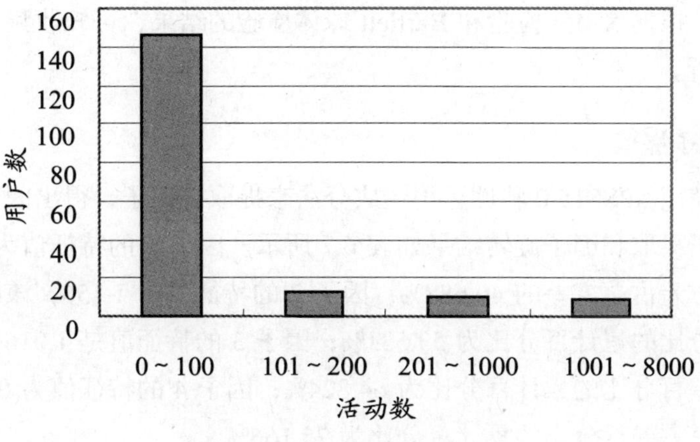

图 6.18　加入的活动数直方图

从图 6.18 中可以看出，参加活动的数量主要集中在 100 个以内，200 个以上也有少量分布。

6.3.2 因子分析

本章采用因子分析方法来找出反映数据本质特征的几个公共因子，并分析原来的观测变量和它们之间的关系。

1. KMO检验和巴特利特球体检验

本章利用 KMO 检验和巴特利特球体检验来判断变量是否适合做因子分析。运行 SPSS15.0 软件所得检验结果如表 6.6 所示。

表 6.6 KMO 检验和巴特利特球体检验

KMO 检验		0.786
巴特利特球体检验	近似卡方分布	529.972
	自由度	36
	显著性	0.000

根据检验结果，该类数据的 KMO 检验值为 0.786，大于 0.7，表明这些数据适合做因子分析。Bartlett 球体检验的 F 值为 0.000，小于显著性水平 0.05，表明数据来自正态分布总体，因此拒绝 Bartlett 球体检验的零假设，认为数据适合于因子分析。

因此，根据 KMO 检验和 Bartlett 球体检验的结果，可知收集的数据适合做因子分析。

2. 因子提取

本书使用 SPSS15.0 软件运用主成分法来提取公因子，得出因子全部解释方差。因子提取和因子旋转结果如表 6.7 所示。因子 1 的特征值为 3.662，其所解释的方差占总方差的 40.688%；因子 2 的特征值为 1.156，该因子方差占总方差百分比的累计百分比为 53.531%；因子 3 的特征值是 1.016，该因子方差占总方差百分比的累计百分比为 64.824%；因子 4 的特征值为 0.931，该因子方差占总方差百分比的累计百分比为 75.166%。

表 6.7　因子提取与因子旋转结果

因子	初始特征值			未经旋转的因子载荷的平方和			旋转后的因子载荷的平方和		
	特征值	占比%	累计占比%	特征值	占比%	累计占比%	特征值	占比%	累计占比%
1	3.662	40.688	40.688	3.662	40.688	40.688	2.651	29.450	29.450
2	1.156	12.843	53.531	1.156	12.843	53.531	1.543	17.150	46.600
3	1.016	11.294	64.824	1.016	11.294	64.824	1.320	14.671	61.271
4	0.931	10.342	75.166	0.931	10.342	75.166	1.251	13.895	75.166
5	0.722	8.021	83.187						
6	0.561	6.238	89.424						
7	0.425	4.717	94.141						
8	0.302	3.356	97.497						
9	0.225	2.503	100.000						

提取方法：主成分法

图 6.19 是因子分析结果的碎石图。碎石图的 Y 轴为特征值，X 轴为特征序号，特征值按照大小进行了排序。

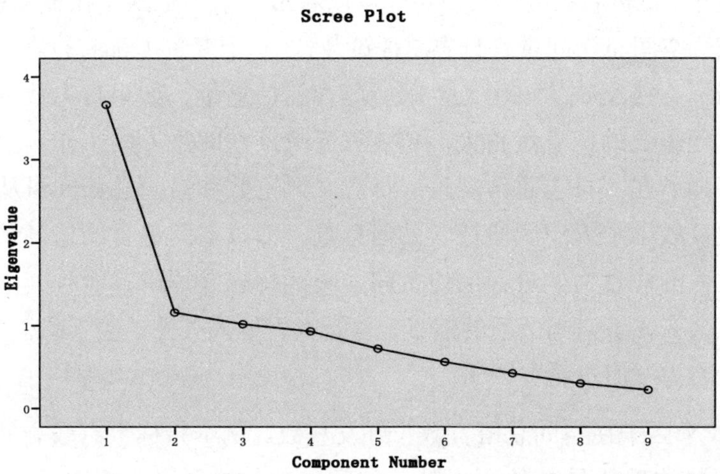

图 6.19　碎石图

公共因子的确定一般有特征值准则、碎石检验准则，按照本章前面的分析，结合因子分析的结果，这里将提取 4 个因子。

3．因子命名

利用 SPSS15.0 进行数据分析，按照方差极大法对因子载荷矩阵旋转后因子载荷系数取值明显更加极端，得到结果如表 6.8 所示。

表 6.8　旋转后的因子载荷矩阵

	因　子			
	1	2	3	4
日志总访问量	0.871	0.015	－0.071	0.032
日志总数	0.864	0.098	0.139	0.217
空间总访问量	0.727	0.197	0.337	0.199
日志总评论数	0.654	0.530	0.169	0.023
空间总留言数	0.120	0.914	－0.073	－0.051
好友总数	0.100	0.573	0.440	0.290
游戏	0.118	0.006	0.911	－0.046
加入的群总数	0.105	－0.029	－0.075	0.910
链接数	0.374	0.222	0.345	0.496

从表 6.8 旋转后的因子载荷矩阵可以看出，第 1 个因子在日志总访问量、日志总数、空间总访问量、日志总评论数这 4 个变量上都有较高的载荷。日志总数指标直接反映了该个人空间所蕴含的信息量，如果日志数量越多，则说明该空间蕴含的信息量越大，越能够反映该空间主人的工作、生活、学习状况及兴趣所在。日志总访问量、日志总评论数和空间总访问量从流量的角度间接地反映了个人空间所蕴含的信息量，即该空间蕴含的信息量越大，越会吸引他人的注意力，进而到访空间、阅读日志并评论，而且其中一些他人的评论又会变成该空间上新的信息，重新吸引他人关注。鉴于此，这里把第 1 个因子命名为“信息量”因子。

第 2 个因子在空间总留言数、好友总数这两个指标上有较高的载荷。空间总留言数体现的是其他用户到该空间的总体到访活动及与主人的互动情况。礼物总数反映的是其他用户与空间主人感情的交流、关系的深浅，作者可以认为，其他用户与空间主人的关系越亲密，送的礼物数就越多。朋友总数是空间主人在该虚拟社区上所有关系的总和。因子 2 主要反映了空间主人与其他用户的关系，因此作者把这一因子命名为“关系度”因子。

第 3 个因子仅在游戏这个指标上有较高的因子载荷。游戏指标反映的是空间主人的娱乐性，因此作者把该因子命名为“娱乐性”因子。

第 4 个因子在链接数和活动两个指标上有较高的载荷。链接数和活动主要体现了该空间主人对所在的虚拟社区的认同感与归属感。他越是对该虚拟社区有强烈的认同，越会主动链接该社区的一些信息与他人分享，越会主动参与社区的一些活动。因此作者把第 4 个因子命名为“嵌入性”因子。

通过因子得分的协方差矩阵，如表 6.9 所示，可以看出，4 个因子完全是正交的、不相关的。这说明提取的 4 个因子能够相互独立，互不相关，并能够解释原有 9 个变量所包含的信息。

表 6.9　因子变量的协方差矩阵

因子	1	2	3	4
1	1.000	0.000	0.000	0.000
2	0.000	1.000	0.000	0.000
3	0.000	0.000	1.000	0.000
4	0.000	0.000	0.000	1.000

6.3.3　个人空间商业价值计算模型建立

1. 因子计算函数

在为 4 个因子命名之后，根据 SPSS15.0 中计算出的因子得分矩阵，如表 6.10 所示，可以得到 4 个因子的计算函数。

表 6.10　因子得分系数矩阵

	因　子			
	1	2	3	4
空间总访问量	0.254	− 0.050	0.141	0.000
空间总留言数	− 0.103	0.728	− 0.223	− 0.094
日志总数	0.376	− 0.128	− 0.048	0.010

续表

	因子			
	1	2	3	4
日志总访问量	0.469	-0.159	-0.210	-0.143
日志总评论数	0.208	0.267	-0.035	-0.145
好友总数	-0.196	0.366	0.269	0.194
游戏	-0.075	-0.160	0.815	-0.151
链接数	-0.003	0.033	0.175	0.350
活动	-0.112	-0.062	-0.164	0.840

设空间总访问量、空间总留言数、日志总数、日志总访问量、日志总评论数、好友总数、游戏、链接数、活动分别用 X_1，X_2，X_3，X_4，X_5，X_6，X_7，X_8，X_9 表示。则因子得分矩阵如下。

$$F_1=-0.05X_1+0.728X_2-0.128X_3-0.159X_4+0.267X_5+0.366X_6-0.16X_7+0.033X_8-0.062X_9$$
$$F_2=0.254X_1-0.103X_2+0.376X_3+0.469X_4+0.208X_5-0.196X_6-0.075X_7-0.003X_8-0.112X_9$$
$$F_3=-0.094X_2+0.01X_3-0.143X_4-0.145X_5+0.194X_6-0.151X_7+0.35X_8+0.84X_9$$
$$F_4=0.141X_1-0.223X_2-0.048X_3-0.21X_4-0.035X_5+0.269X_6+0.815X_7+0.175X_8-0.164X_9 \tag{6.5}$$

从该公式可以看出，个人空间的关系度因子 F_1 主要与空间总留言数、好友总数两个指标相关，并且呈正相关关系。这说明空间的总留言数越高，空间主人与来访者的互动性就越好，关系越紧密，该空间的黏性越大，越有价值。好友总数越多，说明空间主人的关系网越大，借此关系网维持和发展关系的能力越强，对其他陌生人就更加有吸引力，价值性越强。日志总评论数、链接数两个指标对关系性因子的影响相对而言是比较小的。但是空间总访问量、日志总数量、日志总访问、游戏、活动这几个指标则呈现弱的负相关，这和参与这些娱乐活动、维护空间信息量需要占用大量的时间有关，在这些方面花费的时间多了，则在维护关系方面花费的时间就会减少。

信息量因子 F_2 主要与日志总访问量、日志总数、空间总访问量、日志总评论数 4 个指标有正向相关关系。日志总访问量是从其他用户的角度来衡量空间的信息量，日志总访问量大表明日志得到的关注度高，吸引的注意力多，该空间日志包含的信息量对其他用户是有价值的，因此日志总访问量指标和信息量因子之间是正向相关关系。日志包含有空间主人巨大的信息量，通过阅读日志，其他用户可以加深对空间主人的了解、获取有用的信息、知识或者经验。日志总数越大，蕴含的信息量就越大，因此日志总数指标和信息量因子之间是正向相关关系。空间总访问量主要与日志所包含的信息量有密切关系，空间总访问量高，表明该个人空间受关注的程度较高，其蕴含的信息量多、价值大，因此空间总访问量指标与信息量因子呈现正相关关系。日志总评论数体现了其他用户对日志的关注度和认同度，进而说明该个人空间所拥有的信息量对某些用户的价值较大，因此日志总评论指标与信息量因子之间是正相关关系。而其他指标对信息量因子的影响都是负相关，这是由于信息量大则表明空间主人在维护空间和日志方面所花费的时间较多，相应地其在与其他用户交流、结识新的朋友、进行娱乐、链接、参与虚拟社区其他活动等方面花费的时间少了。

个人空间的嵌入性因子 F_3 主要与链接数和活动指标相关。链接数在这里体现的是对他人空间信息的共享与认同，这种认同感与归属感越强烈，表示该空间在虚拟社区中的嵌入性越深。参与的活动越多，表明空间主人参与社区的组织与活动越多，对虚拟社区的认同感越强、嵌入性越深。空间总留言数、日志总访问量、日志总评论数、游戏这 4 个指标体现的是空间主人与用户的交流与互动、娱乐行为等，这些行为投入的时间越多，则越会减少嵌入性所投入的时间，因此这 4 个指标与嵌入性因子呈负相关关系。而其他指标则对嵌入性因子有较弱的影响力。

个人空间的娱乐性 F_4 因子主要与游戏指标呈现很强的正相关关系，与空间总访问量、好友总数、链接数指标关系较弱。但与需要花费大量时间的代表信息量因子的指标、体现互动的空间总留言数、参与社区活动的指标之间是负相关关系。

2. 个人空间商业价值计算模型

根据上表因子提取与因子旋转结果，个人空间的信息量因子、关系度因子、娱乐性因子、嵌入性因子的累计方差贡献率为 75.166%，其中信息量因子所占的方差贡献率为 40.688%，关系度因子所占的方差贡献率为 12.843%，娱乐性因子所占的方差贡献率为 11.294%，嵌入性因子所占的方差贡献率为

10.342%。本书按照这4个因子分别占4个因子累计方差贡献率的比值来计算4个因子的系数。据此，信息量因子所占的4个因子累计方差贡献率的比值为：40.688%/75.166%=0.54。关系度因子所占的 4 个因子累计方差贡献率的比值为：12.843%/75.166%%=0.17。娱乐性因子所占的4个因子累计方差贡献率的比值为：11.294%/75.166%%=0.15。嵌入性因子所占的4个因子累计方差贡献率的比值为：10.342%/75.166%%=0.14

由此得出个人空间当期时点的商业价值v_0为：

$$v_0=0.17F_1+0.54F_2+0.14F_3+0.15F_4 \tag{6.6}$$

其中，

$$F_1=-0.05X_1+0.728X_2-0.128X_3-0.159X_4+0.267X_5+0.366X_6-0.16X_7+0.033X_8-0.062X_9$$
$$F_2=0.254X_1-0.103X_2+0.376X_3+0.469X_4+0.208X_5-0.196X_6-0.075X_7-0.003X_8-0.112X_9$$
$$F_3=-0.094X_2+0.01X_3-0.143X_4-0.145X_5+0.194X_6-0.151X_7+0.35X_8+0.84X_9$$
$$F_4=0.141X_1-0.223X_2-0.048X_3-0.21X_4-0.035X_5+0.269X_6+0.815X_7+0.175X_8-0.164X_9$$

F_1表示关系度因子，F_2表示个人空间的信息量因子，F_3表示嵌入性因子，F_4表示娱乐性因子。X_1表示空间总访问量，X_2表示空间总留言数，X_3表示日志总数，X_4表示日志总访问量，X_5表示日志总评论数，X_6表示好友总数，X_7表示游戏，X_8表示链接数，X_9表示活动。

由此表明，个人空间当期时点的商业价值计算公式中，信息量因子所占的比例为0.54,关系度因子所占的比例为0.17,娱乐性因子所占的比例为0.15,嵌入性因子所占的比例为 0.14。在计算个人空间的商业价值时，这 4 个因子都不能够忽略。而信息量因子对商业价值的影响最大，这也验证了基于虚拟关系的虚拟社区信息量的重要性。

计算个人空间的商业价值时，要考虑到个人空间的未来增长情况及时间价值，因此将个人空间的商业价值定义为现值与未来变化值的折现之和。以月度为周期，计算虚拟社区内一个个人空间的商业价值v为：

$$v = v_0 + \sum_{t=1}^{\infty} \frac{v_t - v_{t-1}}{(1+i)^t} \tag{6.7}$$

式中，i 为折现率，将周期定为无限，主要基于以下两方面的考虑，①不能确切判断一个个人空间的存在时间；②折现率确保了远期收益对个人空间价值的边际贡献递减。个人空间在未来某一期的价值 v_t 可通过对历史数据的回归趋势预测得到。

实际上，个人空间的商业价值是一个连续变化的过程，为将式（6.7）扩展到连续空间，将月折现率 i 分为 m 等份，月末时折现率为 $1/[1+(i/m)]^m$ 。当 m 趋于无穷时，折现率为 e^{-im} 。由此可以得到动态的个人空间商业价值模型：

$$v = v_0 + \int_{t=1}^{\infty} (v_t - v_{t-1})\, e^{-it} dt \tag{6.8}$$

6.4　关系型虚拟社区的价值评估模型

Sunil、Donald 和 Jennifer（2004）认为，尽管传统的会计学只关注有形资产的计量，但是无形资产如品牌、顾客和员工对于公司的价值更为重要，并且是决定性的因素。因此他们将传统的财务评价方法（现金流折现法）和以市场为基础的方法（顾客价值法）结合起来，来评估公司的价值。该方法的基础是顾客全生命周期价值（Customer Lifetime Value），它是指一个顾客在其生命周期内为公司创造利润的折现值。

关于这种方法的合理性及本书采取这种方法的原因，可参考如下内容。

（1）对于经营稳定或发展成熟的企业，其价值相对容易评估，并且预测这种类型企业的现金流相对容易，因而现金流折现法等金融模型能够准确地评估企业的价值。相反，评估高成长性企业的价值则比较复杂，因为该类企业的历史较短，早期投资较多，收入较少，经常出现负的现金流，传统的财务方法如市盈率很难用于公司的价值评价。事实证明，评价高速增长的互联网公司的价值时，必须采用新的方法。关系型虚拟社区正是一种新型的互联网商业模式，社区发展处于初期，大部分社区依靠不同渠道的资金投入进行经营，几乎没有实现盈利。

（2）顾客价值法（或称为注意力法）是比较流行的评估互联网公司价值的方法，即利用用户或者是注意力的数量来衡量公司的价值。这种方法的前提假设是成长中的公司必须迅速获取大量顾客以掌握先入者优势从而建立起强大的网络外部性（The Wall Street Journal，1999）。学术界的研究也证实了上述假设。Trueman、Wong 和 Zhang（2000）将 63 个互联网公司于 1998 年 9 月至 1999 年 12 月公布的财务信息和从互联网市场研究公司 Metrix Media 获得的非财务信息，与公司市场价值进行回归检验。他们发现净利润与股票价格无关，而独立访问量和网页浏览数量对股票价格有强大的解释力。Demers 和 Lev（2004）使用 84 个互联网公司于 1999 ~ 2000 年的相似数据检验互联网泡沫破裂前后市场价值和非财务测量指标之间的关系，研究发现非财务指标如独立访问量和网站黏性能够充分解释互联网公司的股价。关系型虚拟社区的价值基础是用户及用户的注意力，用户是社区的重要资产，用户价值是公司价值的决定性变量，并在一定程度上代表了社区的价值。

在电信行业，ARPU 值是目前用于衡量电信运营商业务收入利润的常用指标。ARPU（Average Revenue Per User）即每用户平均收入，它由一个消费群体的消费总额除以群体总人数得到。该指标关注的是一个时间段内运营商从每个用户所得到的利润，ARPU 值高说明电信公司的利润高。从理论上来说，ARPU 值适用于绝大多数（尤其是 IT 技术）企业。ARPU 值从本质上也是顾客价值法在电信行业的应用。

传统企业难以获得顾客数量、顾客资料、顾客行为信息，不同的是，关系型虚拟社区用户的有关信息非常容易获取，社区平台上的个人空间里就蕴含了大量的用户信息及其在社区内的活动，这为笔者利用顾客价值法提供了很好的数据来源。

基于以上分析，笔者认为顾客价值法是评价关系型虚拟社区的一个非常合理的方法，在这里，顾客价值是通过个人空间来体现的。

（3）一些金融财务学者认为传统的评价方法如现金流折现法对于高成长性的公司也同样有效。Damodaran（2001）使用现金流折现法估计了互联网公司 Amazon 的股价。

基于顾客价值法和现金流折现法，笔者认为关系型虚拟社区的商业价值是社区现在和未来所有个人空间价值的总和。两种类型的单个个人空间当期的价值 v_0 已经由前述小节因子分析方法得出。

在计算关系型虚拟社区的商业价值时，首先要明确，社区在每个周期都会有个人空间的退出和新个人空间的进入。设在一周期内个人空间数量的保持率为 r，每组个人空间数量的变化模式如表 6.11 所示。

表 6.11 虚拟社区中个人空间数量的变化模式

周期	第一组		第二组		第三组		……
	数量	价值	数量	价值	数量	价值	
0	n_0	v_0					
1	n_0r	v_1	n_1	v_0			
2	n_0r^2	v_2	n_1r	v_1	n_2	v_0	
3	n_0r^3	v_3	n_1r^2	v_2	n_2r	v_1	
……	……		n_1r^3	v_3	n_2r^2	v_2	
……	……		……		n_2r^3	v_3	
……	……		……		……		……

第二组比第一组滞后一个周期，表示在一个周期内新增加的个人空间数量（退出量只在组内用保持率 r 体现，组间只考虑增加量）。从表 6.11 可以看出，社区在 t=0 时拥有 n_0 个个人空间，随时间变化，个人空间逐渐流失；在第 1 个周期拥有 n_0r 个个人空间，第 2 个周期拥有 n_0r^2 个空间，依次类推，第 n 个周期拥有 n_0r^n 个个人空间。在每一周期，每个个人空间的价值也将发生变化。

在 t=0 时，第一组个人空间的价值为当期价值 n_0v_0 与未来每期变化值的贴现之和：

$$Lv_0 = n_0 v_0 + n_0 \frac{(v_1 - v_0)r}{1+i} + n_0 \frac{(v_2 - v_1)r^2}{(1+i)^2} + \cdots + n_0 \frac{(v_k - v_{k-1})r^k}{(1+i)^k} + \cdots$$
$$= n_0 v_0 + n_0 \sum_{t=1}^{\infty} \frac{(v_t - v_{t-1})r^t}{(1+i)^t} \tag{6.9}$$

第二组个人空间的模式和第一组类似，不同的是滞后了一个周期。因此，在 t=1 时，第二组个人空间的商业价值为：

$$Lv_1 = n_1 v_0 + n_1 \sum_{t=1}^{\infty} \frac{(v_t - v_{t-1})r^t}{(1+i)^t} \tag{6.10}$$

将 Lv_1 折现到 t=0 时，得到：

$$Lv_1 = \frac{n_1 v_0}{1+i} + \frac{n_1}{1+i} \sum_{t=1}^{\infty} \frac{(v_t - v_{t-1})r^t}{(1+i)^t} = \frac{n_1 v_0}{1+i} + n_1 \sum_{t=1}^{\infty} \frac{(v_t - v_{t-1})r^t}{(1+i)^{t+1}} \tag{6.11}$$

同理，第 K 组个人空间的商业价值为：

$$Lv_k = \frac{n_k v_0}{(1+i)^k} + n_k \sum_{t=1}^{\infty} \frac{(v_t - v_{t-1})r^t}{(1+i)^{t+k}} \tag{6.12}$$

一个关系型虚拟社区的商业价值等于每组空间商业价值的总和：

$$V = Lv_0 + Lv_1 + \cdots + Lv_k + \cdots$$
$$= v_0 \sum_{k=0}^{\infty} \frac{n_k}{(1+i)^k} + \sum_{k=0}^{\infty} [n_k \sum_{t=1}^{\infty} \frac{(v_t - v_{t-1})r^t}{(1+i)^{t+k}}] \tag{6.13}$$

上式得到的是离散条件下的关系型虚拟社区商业价值，实际上社区中个人空间的进入和退出是一个连续的过程。为描述此连续过程，将月折现率 i 分为 m 等份，月末时折现率为 $1/[1+(i/m)]^m$。当 m 趋于无穷时，折现率为 e^{-im}（Brealey & Myers，1996）。同样的，$r^t/(1+i)^t$ 等价于 $e^{-[(1+i-r)/r]t}$。因而，笔者可以得到动态的关系型虚拟社区商业价值模型：

$$V=\int_{k=0}^{\infty} n_k v_0 \mathrm{e}^{-ik}\mathrm{d}k+\int_{k=0}^{\infty}\int_{t=1}^{\infty} n_k (v_t - v_{t-1})\mathrm{e}^{-[(1+i-r)/r]t-ik}\mathrm{d}t\mathrm{d}k \qquad (6.14)$$

在上述公式中，n_k 是 k 时点新增加的个人空间，即个人空间在 k 时刻的增加率，是通过对 N_k 求导得出的，而 N_k 表示在 k 时点累计的个人空间总数，其表达式是一个基于创新扩散理论的 S 型扩散曲线。创新扩散理论的重要代表人物 Everett M. Rogers（1962）认为，创新扩散是指一项新举措通过特定的传播渠道逐渐为某些特定社区成员所了解与采用的过程。在一个系统中，当采用或接受一项革新（新的设想或技术等）的比例达到一定程度以后，扩散的过程将能够自续下去。一般来说，在创新的初始扩散阶段，它是比较难于被人们所接受的，因此扩散过程在最初阶段是比较缓慢的。然而，一旦临界数量被突破，扩散进程将进入飞速发展阶段。接着，系统的大多数人群将开始接受并采用该项创新。随着超过半数的系统人群已经采用该创新，扩散过程又变得平缓起来。最终，该项创新在既定的社会系统中的扩散将达到饱和点。整个创新扩散过程呈现出一条 S 曲线。自从互联网诞生以来，国外已有不少学者运用创新扩散的理论对它的发展状况进行了研究，人们普遍认为互联网在一个系统中的扩散将遵循 S 型曲线（周明侠、李文格，2004）。因此，笔者同样认为关系型虚拟社区的发展也遵循 S 型曲线，如图 6.20 所示。

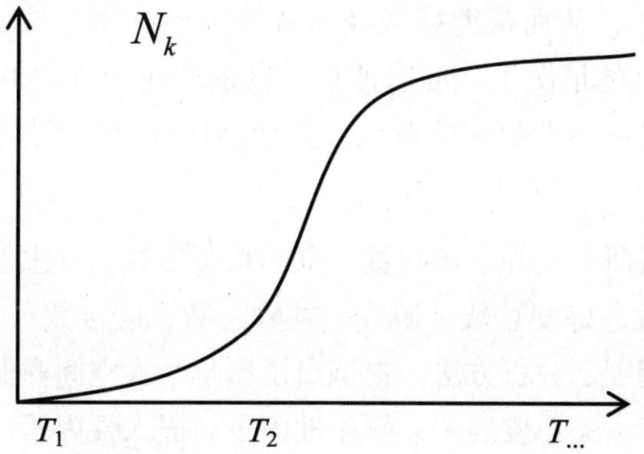

图 6.20　关系型虚拟社区发展的 S 型曲线

则，
$$N_k = \frac{\alpha}{1+\exp(-\beta-\gamma k)} \tag{6.15}$$

该 S 型曲线函数以α为渐近线，参数γ表示曲线的斜率，它表示k时点累计空间总数N_k的分布。N_k对k求微分可以很容易地得出k时点个人空间数量的增长率n_k。

$$n_k = \frac{\mathrm{d}N_k}{\mathrm{d}k} = \frac{\alpha\gamma\exp(-\beta-\gamma k)}{[1+\exp(-\beta-\gamma k)]^2} \tag{6.16}$$

式中，α，γ，β值可以利用关系型虚拟社区的历史数据通过非线性最小二乘法得出。

根据个人空间价值的计算模型及上述公式的推导，最终得出了关系型虚拟社区商业价值动态模型，以此衡量关系型虚拟社区的商业价值。

本书在前人研究的基础上构建的基于顾客价值法和现金流折现法的关系型虚拟社区商业价值动态模型，是专门针对关系型虚拟社区价值评价的一种有效可行的方法。该模型有以下特点：①模型中增加了个人空间在不同时点价值的变化，并且考虑到了个人空间数量随时间的变化而变化的数量。②该评价模型聚焦在社区层面，可以用于社区网站对自身过去和未来价值的比较及评估，从而帮助社区经营者找出社区商业价值增长的规律。③在社区收益为负的情况下，可以评估社区的商业价值。④该模型可以用于各个关系型虚拟社区商业价值的对比，并帮助社区经营者挖掘出产生差距的深层次的原因。

本章通过研究空间总访问量、空间总留言数、日志总数、日志总访问量、日志总评论数、好友总数、游戏、礼物总数、链接数、加入的群组数或活动数指标，利用因子分析方法，提炼出了影响个人空间商业价值的 4 个因子，即信息量因子、关系度因子、娱乐性因子、嵌入性因子。基于这 4 个因子，首先建立了个人空间当期商业价值计算公式，通过该公式，我们可以看出，基于现实关系的虚拟社区，关系度因子占的比例最高，这表明该虚拟社区用户之间的互动关系对个人空间的当期商业价值起到非常重要的作用；而基于虚拟关系的社区，信息量所占的比重最高，这说明个人空间内含有的信息量越高，个人空间商业价值就越大。接着，本书构建了基于现实关系和基于虚拟关系两种类型的个人空间商业价值评测模型。最后，利用顾客价值法和现金流折现法构建了衡量关系型虚拟社区的商业价值动态模型。

第 7 章

结语

本书以人际关系状况为分类基础，把关系型虚拟社区分为基于虚拟关系关系型虚拟社区和基于现实关系的关系型虚拟社区两种类型，并从参与机制、网络结构、商业模式、商业价值模型 4 个方面对两种类型的关系型虚拟社区进行了研究，取得了一定的成果。本章将对以上内容进行总结，审视研究工作中的不足，展望未来的研究方向。

第一，本书基于技术、传播学、社会心理学的视角，从信息系统质量、价值感知、社会影响力三个方面建立了关系型虚拟社区用户参与机制模型，并提出了 9 个假设。通过在互联网上发放调查问卷取得数据样本，用结构方程软件分析数据样本以验证模型和假设后，笔者发现，对于两种类型的关系型虚拟社区来说，用户参与机制的相同点是信息系统质量都能够显著地影响满意感和价值感知。满意感对社会认同有强烈的正向影响作用，社会认同会影响参与期望同时也会产生参与行为。用户对价值的感知对群体规范有强烈的正向影响作用，参与期望对实际的参与行为并没有显著的正向影响作用。两种类型的关系型虚拟社区仅仅在上述因素的影响效应方面稍微有些差异。

用户参与机制的不同点在于：现实关系的虚拟社区的群体规范对参与期望有负向影响作用，而虚拟关系的虚拟社区的群体规范不能够产生参与期望。

第二，本书利用社会网络分析方法，对两种类型的关系型虚拟社区进行了密度、点度中心性、中间中心性、接近中心性等网络结构特征分析。研究发现，基于现实关系的社区密度要大于基于虚拟关系的社区的密度；点度中心性、中间中心性都是基于现实关系的关系型虚拟社区大于基于虚拟关系的关系型虚拟社区，而接近中心性则是前者小于后者，但总体来说，中心性都不高。由此得出结论，无论是哪种类型的关系型虚拟社区，都呈现出扁平化、去中心化的网络结构，没有形成明显的中心性。

第三，本书通过对虚拟社区的发展模式的探讨，着重分析了关系型虚拟社区的价值源泉及价值基础。价值源泉来自虚拟社区所拥有的数量庞大的用户，以及由这些用户相互之间频繁的信息沟通所引发的非摩擦经济效应、注意力经济效应、规模经济效应与网络外部性、锁定效应。虚拟社区的价值基础是社区用户，价值形成于用户、发展于用户、成熟于用户。基于此，本书抽象地概括出了关系型虚拟社区的商业模式，它主要包括商品和服务模式、参与者模式、盈利模式三个类型。在对商业模式和收入构成详细分析的基础上，本书描绘了关系型虚拟社区的价值实现路径。该路径由三个主体和 4 个流组成，三个主体是社区用户（它被分为信息的生产者和信息的消费者两种身份）、社区平台和第三方；4 个流分别是注意力流、资金流、信息流、商品和服务流。社区平台在价值路径中处于中心位置，其他两个主体及 4 种流在社区平台上进行价值的交流、转化和实现。

第四，为了更深入地研究作为关系型虚拟社区的最小单位——个人空间，笔者筛选出基于虚拟关系社区的 9 个指标和基于现实关系社区的 10 个指标来进行因子分析，提炼出关系度因子、信息量因子、嵌入性因子、娱乐性因子等 4 个因子来建立两种类型的社区的当期商业价值计算公式。基于现实关系的关系型虚拟社区个人空间的当期商业价值计算公式为：

$$v_0=0.54F_1+0.18F_2+0.15F_3+0.13F_4$$

从中笔者得知关系度因子在基于现实关系的个人空间的当期商业价值计算公式中所占的比值最大；基于虚拟关系的关系型虚拟社区个人空间的当期

商业价值计算公式为：

$$v_0=0.17F_1+0.54F_2+0.14F_3+0.15F_4$$

信息量因子在基于虚拟关系的个人空间当期商业价值计算中占的比值最大。笔者将个人空间的商业价值定义为现值与未来变化值的折现之和，因此笔者构建了个人空间商业价值动态模型。

第五，本书将关系型虚拟社区的价值定义为社区现在和未来所有个人空间价值的总和。因此，基于个人空间的商业价值模型，本书利用顾客价值法和现金流折现法推导出了关系型虚拟社区的动态价值模型。

近几年兴起的关系型虚拟社区，已经如搜索引擎、门户网站一样成为互联网新的商业模式并代表着互联网的发展方向。而我国绝大多数此类型的社区网站，都在通过各种手段争夺互联网用户，而且在财务上都没有实现盈利。根据本书对关系型虚拟社区的研究，下面提出几点建议以期此类型的商业模式的发展有所借鉴。

第一，建议社区的经营者快速进军细分市场，获取先入者优势。目前，关系型虚拟社区之间的用户竞争非常激烈，已经形成了几家大型的关系型虚拟社区。关系型虚拟社区的经营者要想获得更好的发展，需要对市场进一步细分，努力满足一小部分价值含量高的用户的需求，寻找缝隙市场，获取在该细分市场的先入者优势。

第二，加强网站自身建设，提高系统质量、服务质量、信息质量，给用户更好的社区体验。根据本书的研究，关系型虚拟社区的用户对系统质量是非常重视的，其次是服务质量和信息质量，它们的好坏直接决定用户在社区的体验的好坏。

第三，提高用户之间的互动程度，以增强用户对社区的黏性。关系型虚拟社区建立的基础是人际关系网，对基于现实关系的社区，用户之间的交流方式多种多样，而通过社区进行交流只是众多交往手段中的一种，利用一些技术手段或者开展一些活动促进社区用户之间的互动，可以提高用户对社区的黏性，比如开发出可以在用户之间共同玩的游戏等。对基于虚拟关系的社区，由于用户之间的原始基础是陌生人关系，维持他们对社区的黏性将更加困难，只有增加他们之间的互动才能增加黏性。鼓励用户不断增加空间的信息量以巩固用户之间的交流、沟通；成立、举办一些能够加强用户团结、内聚性的组织或活动，提高用户的嵌入性。

第四，根据本书建立的个人空间价值模型，识别有商业价值的用户，与用户进行利益共享，共同开发个人空间的商业价值。

第五，利用多种方式、手段进行价值转换，实现盈利。根据笔者的价值实现路径图，社区平台在价值转换中处于中心位置。因此，社区要把自己放在媒体和电子商务属性并重的位置，利用用户的人际关系网及口碑效应大力开展虚拟商品或实体商品的电子商务，而不能一味依靠第三方的广告收入来维持网站的运营。

第六，政府部门应该加强对虚拟社区网站的监管，维护用户的隐私安全问题。关系型虚拟社区中承载了大量的用户信息，政府需要对社区网站监管，防止他们利用社区用户的资料营利或者做出违反法律和道德的事情。

本书在以下几个方面有一定的创新。

第一，从技术、社会心理学、传播学的角度出发，构建了基于现实关系和基于虚拟关系两种不同类型的关系型虚拟社区用户参与机制模型。

基于WKC成功模型及虚拟社区参与行为的社会影响力模型，笔者在构建了关系型虚拟社区的用户参与机制模型后，通过调查问卷得到数据，使用结构方程方法，验证了两种不同类型社区的用户参与机制模型科学性，还总结出两种不同类型社区其用户参与动机的差异性及对网站信息系统的要求。

第二，总结出关系型虚拟社区的网络结构特征：扁平化、去中心化。

本书使用滚雪球抽样法得到的用户“好友”数据，利用社会网络分析方法，分析了密度、点度中心性、中间中心性、接近中心性等关系型虚拟社区的网络结构，验证了基于现实关系的社区网络结构比基于虚拟关系的社区更为紧密。

第三，提炼出关系型虚拟社区的商业模式，构建了关系型虚拟社区的价值实现路径。

本研究提炼了关系型虚拟社区的商业模式，详细总结了商业模式的三个主要构成要素（商品和服务模式、参与者模式、盈利模式）及其相互之间的作用机理，构建了关系型虚拟社区的价值实现路径，并描述了该路径中的注意力流、资金流、信息流、商品和服务流在社区用户、社区平台和第三方之间的流转关系。

第四，构建了两种类型的虚拟社区用户个人空间的价值评估模型和关系型虚拟社区的商业价值动态模型。

通过使用因子分析方法分析了关系型虚拟社区两种类型网站的用户数据样本，提炼出影响个人空间商业价值的 4 个因子，进而构建了两种不同类型的个人空间商业价值动态评估模型。接着，本书利用顾客价值法和现金流折现法推导出整个关系型虚拟社区的商业价值模型。为该种类型的虚拟社区的经营者评估具有商业价值的个人空间奠定了理论基础；为投资者、社区网站经营者正确地认识并实现社区的商业价值提供了理论上的参考依据。

作为一项探索性研究，本书还存在一些不足与局限性。

第一，本书在研究社区网络结构方面，仅选取了百度空间和校内网两家网站的部分用户的数据，虽然对网络结构的描述与对该类社区的实践认识及博客类虚拟社区的网络结构研究基本吻合，但该结论的普遍意义仍然需要在更大的样本范围内进行检验。

第二，本书构建的关系型虚拟社区的商业价值动态模型，由于网站对用户数据和信息的保密性问题，无法进行实证检验。希望能有机会获得相关数据以进行验证。

笔者从用户参与动机、社区网络结构、个人空间商业价值评测、关系型虚拟社区商业价值评价、价值实现路径等方面对两种类型的关系型虚拟社区进行了初步探索，而该领域在学术界是个比较新的研究领域，研究方向也较多，这里笔者将其总结为以下 4 个方面。

第一，在关系型虚拟社区的发展过程中，能够使社区的发展进入良性循环的用户的“关键多数”即引爆点在哪里，如何计算，如何引发引爆点，是一个很有现实意义的问题。对它的研究是虚拟社区经营者最关心的问题，是非常必要的。

第二，对关系型虚拟社区的网络结构研究非常少，本书只是进行了一些基础性的研究。关系型虚拟社区的凝聚子群研究、结构对等性研究、核心—边缘结构研究、网络动态演化发展研究是未来需要进一步进行的研究。

第三，从其他学科角度研究关系型虚拟社区的目前还比较少，比如从经济学、信息经济学角度进行的研究不多。利用信息经济学中的博弈论研究用户与用户之间的博弈、用户与虚拟社区之间的博弈问题将是未来一个十分有理论价值的方向。

第四，通过实证研究验证本研究所构建的关系型虚拟社区商业价值动态理论模型的合理性，进一步修正完善该模型，是笔者非常希望做的进一步研究。

参考文献

[1] Abrams D.,Hogg M A. Comments on the Motivational Statue of Self-esteem in Social Identity and Intergroup Discrimination [J]. European Journal of Social Psychology，1988（18）：317-334.

[2] Adar E., Zhang L., Adamic L. A., Lukose R. M. Implicit Structure and the Dynamics of Blogspace [C]. 13th International World Wide Web Conference，2004.

[3] Alastair G. ,Smith A. Tale of Two Web Spaces: Comparing Sites using Web Impact Factors [J]. Journal of Documentation1999，55（5）：577-592.

[4] Alastair Smith，http :/ / www. vuw. ac. nz/ staff/ alastair smith/ evaln/ index. htm ,2004. 6. 20.

[5] Aldler P. R. , Christopher J. A. Internet Community Primer: Overview and Business Opportunities. 1998，Digital Places.http://www.digiplaces.com/pages/printable_html.html.

[6] Anne Beamish，Communities On-line：A Study of Community-based Computer Networks [D]. Master Thesis，MIT，1994.

[7] Armstrong A., Hagel J. The Real Value of Online Communities [J]. Boston：Harvard Business Review，1996（74）：134-141.

[8] B. H. Wixom and P. A. Todd, A Theoretical Integration of User Satisfaction and Technology Acceptance [J]. Information Systems Research, 2005（16）：85-102.

[9] Bagozzi R. P, Dholakia U. M. Intentional Social Action in Virtual Communities [J]. Journal of Interactive Marketing , 2002, 16（2）: 2-21

[10] Balasubramanian S. V. Mahajan. The Economic Leverage of the Virtual Community [J]. Internet. J. Electronic Commerce, 2001, 5（3）: 103-138.

[11] Bandura, A., Self-efficacy Mechanism in Human Agency [J]. American Psychologist, 1982, 37（2）: 122-147.

[12] Barnes, J. A. , Class and committees in a Norwegian island parish [J]. Human Relations, 1954（7）: 39-58.

[13] Bergami M., Bagozzi R. P.Self-categorization, Affective Commitment, and Group Self-esteem As Distinct Aspects of Social Identity in An Organization [J]. British Journal of Social Psychology, 2000, 39（4）: 555–577.

[14] Besty Richmond. http:// www. pilot. infi. net/ carolyn/ criteria. html ,2004. 7. 13.

[15] Bishop J.Development and Evaluation of A Virtual Community [D]. 2002.

[16] Blau P.M. Exchange and Power of in Social Life [M]. New York: Wiley, 1964.

[17] Blumler J. G. and Katz, E. The Uses of Mass Communications: Current Perspectives on Gratifications Research [M]. Sage Publications, 1974.

[18] Bott, E. , Family and Social Network: Role, Norm, and External Relationship in Ordinary Urban Families（2nd Ed.）[M]. New York: Free Press, 1957.

[19] Bourdieu P. Forms of Capital [M]. In: Hicharson J.G. Handbook of Theory and Research for the Sociology of Education, New York: Greenwood Press, 1986.

[20] Boyd D. Friendster and Publicly Articulated Social Networks [C]. Proceedings of ACM Conference on Human Factors in Computing Systems, New York: ACM Press, 2004, 1279-1282.

[21] Boyd D., H.Y Lee, et al. Developing Legible Visualizations for Online Social Spaces [C]. 35th Annual Hawaii International Conference on System Sciences,

Hawaii，2002.

[22] Brealey Richard A, and Stewart C. Myers，Principles of Corporate Finance [M]，5th ed. New York: McGraw-Hill，1996.

[23] Breiger R. L. Career Attributes and Network Structure: A Blockmodel Study of A Biomedical Research Specially [J]. American Sociological Review，1976（41）：117-135.

[24] Bressler S. E.. Communities of Commerce: Building Internet Business Communities to Accelerate Growth, Minimize Risk and Increase Customer Loyalty [M]. New York: McGraw-Hill，2000.

[25] Brown S. L, A. Tilton, D. M. Woodside. The Case for On-line Communities. McKinsey Quart. 1，http://www.McKinseyquarterly.com，2002.

[26] Burt R. S, Structural Holes [M]. Harvard University Press，1992.

[27] Burt R. S, M. Minor，Applied Network Analysis [M]. Beverly Hills，Calif: Sage，1992.

[28] Butler B, Sproull L., Kiesler, S, Kraut R. Community Effort in Online Groups: Who Does the Work and Why [M], In Weisband, S. and Atwater, L. (Eds.), Leadership at a distance. Mahwah, NJ: Erlbaum，2002.

[29] Cartwright，D. ，Harary, F. Structural Balance：A Generalization of Heider's Theory [J]. Psychological Review，1956（63）：277-292.

[30] Catherine M Ridings, David Gefen, Bay Arinze, Some Antecedents and Effects of Trust in Virtual Communities [J]. Journal of Strategic Information Systems，2002，11（3/4）：271-295.

[31] Chadwick—Jones J. K. ，Social Exchange Theory：Its Structure and Influence in Social Psychology [M]. London：Academic Press. 1976.

[32] Chau M., & Xu，J.，Mining Communities and Their Relationships in Blogs: A Study of Online Hate Groups [C]，Proceedings of The International Conference on Information Systems，2006.

[33] Chin，A. & Chignell，M.，A Social Hypertext Model for Finding Community in Blogs [C]. Proceedings of the Seventh Conference on Hypertext and Hypermedia，2006.

[34] Coleman James， Elihu Katz， Herbert Menzel，Medical Innovation: A Diffusion Study [M]. Indianapolis: Bobbs-Merrill，1966.

[35] Coleman，J.S., Social Capital in the Creation of Human Capital [J]. American Journal of Sociology，1988（94）：95-120.

[36] Coon, D. A.，An Investigation of #friends Internet Relay Chat as a Community [D]. Kansas State University，1998.

[37] Crowston, K. and J. Howison，The Social Structure of Free and Open Source Software Development [J]. First Monday, 2005, 10(2).

[38] Damodaran, Aswath，The Dark Side of Valuation: Valuing Old Tech, New Tech, and New Economy Companies [M]. Englewood Cliffs, N.J.: Prentice Hall，2001.

[39] Danah M. Boyd，Social Network Sites: Definition, History, and Scholarship [J]. Journal of Computer-Mediated Communication，2008，(13)：210-230.

[40] David Hinds & Ronald M. Lee，Social Network Structure as a Critical Success Condition for Virtual Communities [C]. Proceedings of the 41st Hawaii International Conference on System Sciences，2008.

[41] Davis, F. D. Perceived Usefulness, Perceived Ease of Use, and User Acceptance of Information Technology [J]. MIS Quarterly, 1989, (9)：319-340.

[42] Delone, W.H. and Mclean, E.R., Information System Success: the Quest for the Dependent Variable [J]. Information Systems Research, 1992（3）：60-95.

[43] Delone, W.H. and Mclean, E.R., The DeLone and McLean Model of Information Systems Success: A Ten-year Update [J]. Journal of Management Information Systems，2003（19）：9-30.

[44] Demers, Elizabeth, and Baruch Lev，A Rude Awakening: Internet Shakeout in 2000 [J]. Review of Accounting Studies，2004，6（2~3）：331-359.

[45] Dholakia, U. M., & Bagozzi, R. P., Motivational Antecedents, Constituents and Consequents of Virtual Community Identity. In S. Godar, & S. Pixie-Ferris (Eds), Virtual and Collaborative Teams: Process, Technologies, and Practice , London: IDEA Group, 2004, 252-267.

[46] Donath, J.，Boyd, D.，Public Displays of Connection [J]. BT Technology Journal, 2004，22（4）：71-82.

[47] Dwyer, C.，Hiltz, S. R.，Passerini, K.，Trust and Privacy Concern within Social Networking Sites: A Comparison of Facebook and MySpace [C]. Proceedings of AMCIS 2007, Keystone, CO.，2007.

[48] Efimova, L. and Hendrick, S. ，In Search for a Virtual Settlement: An Exploration of Weblog Community Boundaries. https://doc.telin.nl/dscgi/ds.py/Get/File-46041/weblog_community_boundaries.pdf, 2005.

[49] Efimova, L. et al.，Finding “the life between buildings”: An approach for Defining a Weblog Community [M]. AOIR Internet Research 6.0: Internet Generations, Chicago, 2005.

[50] Eighmey John and McCord，Lola，Adding Value in the Information Age: Uses and Gratifications of Sites on the World Wide Web [J]. Journal of Business Research ，1998,41（3）：187-194

[51] Ellemers, N., Kortekaas, P., & Ouwerkerk, J. W. ，Selfcategorization, Commitment to the Group, and Group Self-esteem As Related But Distinct Aspects of Social Identity [J]. European Journal of Social Psychology, 1999（29）：371-389.

[52] Ellison, N.，Steinfield, C.，Lampe, C.，The Benefits of Facebook “friends”: Exploring the Relationship Between College Students’ Use of Online Social Networks and Social Capital [J]. Journal of Computer-Mediated Communication, 2007，12（3）：1143-1168.

[53] Emerson, Richard M , Power-Dependence Relations [J]. American Sociological Review, 1962（27）: 31–41.

[54] Everett M. Rogers, Diffusion of Innovations [M]. 4th ed , New York: the Free Press, 1995.

[55] Fisher, D., Using Egocentric Networks to Understand Communication [J]. IEEE Internet Computing, 2005, 9（5）: 20-28.

[56] Flanagin, A. j., & Metzger, M. J. Internet Use in the Contemporary Media Environment [J]. Human Communication Research, 2001, 27(1): 153-181.

[57] Flanagin, A. J., Metzger, M. J., Internet Use in the Contemporary Media Environment [J]. Human Communication Research, 2001, 27（1）: 153-181.

[58] Fono, D., & Raynes-Goldie, K. Hyperfriendship and Beyond: Friends and Social Norms on LiveJournal [J]. Internet Research Annual, 2006(4): 91-103.

[59] Freeman,L.C, Centrality in Social Networks: Conceptual Clarification [J]. Social Networks, 1979 （1）: 215-239.

[60] Fukuyama, F., Trust: The Social Virtues and the Creation of Prosperity [M]. New York: The Free Press, 1995.

[61] Gajjala, R. , Shifting Frames: Race, Ethnicity, and Intercultural Communication in Online Social Networking and Virtual Work [M]. In M. B. Hinner (Ed.), The Role of Communication in Business Transactions and Relationships, New York: Peter Lang, 2007.

[62] Garrety, K., Robertson, P.L. and Badham, R., Integrating Communities of Practices in Technology Development Projects [J]. International Journal of Project Management, 2004（22）: 351-358.

[63] Garzotto, F. & Matera, M. A Systematic Method for Hypermedia Usability Inspection [J]. The New Review of Hypermedia and Multimedia, 1997（3）: 39-65.

[64] Geidner, N. W., Flook, C. A., Bell, M. W, Masculinity and Online Social

Networks: Male Self-identification on Facebook.com [C]. Eastern Communication Association 98th Annual Meeting, Providence, RI., 2007.

[65] Ginsburg, M. and Weisband, S., A Framework for Virtual Community Business Success: the Case of the International Chess Club [C]. Hawaii: Proceedings of the 37th Hawaii International Conference on System Sciences, 2004.

[66] Golder, S. A., Wilkinson, D., Huberman, B. A., Rhythms of Social Interaction: Messaging within a Massive Online Network [C]. In C. Steinfield, B. Pentland, M. Ackerman, & N. Contractor (Eds.), Proceedings of Third International Conference on Communities and Technologies, London: Springer, 2007, 41-66.

[67] Granovetter, M., Problems of Explanation in Economic Sociology [C]., in: Nitin, N. & Eccles R. Networks and Organizations: Structures, Form, and Action, Boston, MA: Harvard Business School Press, 1992.

[68] Granovetter, M., The Strength of Weak Ties [J]. American Journal of Sociology, 1973, 78 (6): 1360-1380.

[69] Granovetter, Mark S., Economic Action, Social Structure, and Embeddedness [J]. American Journal of Sociology, 1985 (83): 1420-1443.

[70] Gross, R., Acquisti, A, Information Relation and Privacy in Online Social Networks [C], Proceedings of WPES'05, Alexandria, VA: ACM, 2005, 71–80.

[71] Grosso, M. D., Design and Implementation of Online Communities [D], 2001.

[72] Hampton, K. N. & B. Wellman, Netville Online and Offline: Observing and Surveying A Wired Suburb [J]. American Behavioral Scientist, 1999, 43 (3): 475-492.

[73] Harris Robert, Evaluating Internet Research Sources [EB/ OL]. http: //www. sccu. edu/ faculty/ R - Harris/ evalu8it. htm , 1999-08-23.

[74] Haythornthwaite, C. and B. Wellman, Work, Friendship, and Media Use for Information Exchange in A Networked Organization [J]. Journal of the

American Society for Information Science，1998，49（12）：1101-1114.

[75] Hewitt, A.、Forte, A，November). Crossing Boundaries: Identity Management and Student/faculty Relationships on the Facebook [C]. Banff, Alberta，2006.

[76] Hogan, B. Analyzing Social Networks via the Internet, http://64.233.179.104/scholar?hl=zh-CN&lr=&newwindow=1&q=cache:zd63pebxlfcJ:individual.utoronto.ca/berniehogan/Hogan_SAGE_Internetworks_RC1.pdf+Analyzing+Social+Networks+via+the+Internet ，2008.

[77] Hogg，M.A.，& Abrams，D.，Social Identifications：A Social Psychology of Intergroup Relations and Group Processes [M]. London： Routledge，1998.

[78] Homans George C， Social Behavior as Exchange [J]. American Journal of Sociology，1958，63（6）：597-606.

[79] Honglei Li，Virtual Community Studies: A Literature Review, Synthesis and Research Agenda [C]. New York: Proceedings of the Americas Conference on Information Systems，2004.

[80] Hsiu-fen Lin，Determinants of Successful Virtual Communities: Contributions from System Characteristics and Social Factors [J]. Information & Management，2008（45）：522–527.

[81] Hui Lin, Weiguo Fan, Linda Wallace. An Empirical Study of Web-based Knowledge Community Success [C]. Proceedings of the 40th Hawaii International Conference on System Sciences, 2007.

[82] Igbaria，M.，Shayo，C. and Olfman，L.，Virtual Societies：Their Prospects and Dilemmas [M]. San Diego，CA: Academic Press，1998.

[83] Jacobs J.美国大城市的死与生 [M]. 金衡山译．江苏：译林出版社，2006.

[84] Jakob Nielsen, Heuristic Evaluation, Usability Inspection Methods [M]. John Wiley & Sons, Inc., New York, NY, 1994.

[85] John Briginshaw．网络公司价值评估——前沿观点 [M]. 周金泉，赫晓峰译.北京：经济管理出版社，2004.

[86] John Scott.社会网络分析法 [M]. 刘军译. 重庆：重庆大学出版社，2007.

[87] John Warmbrodt.Hong Sheng and Richard Hall，Social Network Analysis of Video Bloggers'Community [C]. Proceedings of the 41st Hawaii International Conference on System Sciences，2008.

[88] Johnson, C.M., A Survey of Current Research on Online Communities of Practice [J]. Internet and Higher Education，2001（4）：45-60.

[89] Joseph F. Hair, JR. etc，Multivariate Data Analysis with Readings [M]. Prentice- Hall International, INC, 1995.

[90] Kapoun Jim，Teaching Undergrads Web Wvaluation : A Guide for Library Instruction [M] . C&RI news, 1998.

[91] Kardaras，D.，Karakostas，B.、Papathanassiou E.，The Potential of Virtual Communities in the Insurance Industry in the UK and Greece [J]. International Journal of Information Management，2003，23（1）：41–53.

[92] Katz，E.，Gurevitch，M. and Hass H.，On the Use of Mass Media for Important Things [J]. American Sociological Review，1973，38（2）：164-181.

[93] Kim，A. J.，Community Building on the Web: Secret Strategies for Successful Online Communities [M]. Berkeley: Peachpit Press，2000.

[94] Kim, Namwoon, Vijay Mahajan, and Rajendra K. Srivastava，Determining the Going Market Value of a Business in an Emerging Information Technology Industry: The Case of the Cellular Communications Industry [J]. Technological Forecasting and Social Change，1995，49 (3)：257-79.

[95] Koh, J. and Kim, Y.G., Knowledge Sharing in Virtual Communities: An E-business Perspective [J]. Expert Systems with Applications, 2004（26）: 155-166.

[96] Koh，J. and Kim，Y. G.，Sense of Virtual Community: A Conceptual Framework and Empirical Validation [J]. International Journal of Electronic Commerce，2004 ，8（2）：75-93.

[97] Kozinets, R. V., The Field Behind the Screen: Using Netnography for Marketing Research in Online Communities [J]. J. Marketing Res. 2002, 39 (1): 61-72.

[98] Kumar, R., Novak, J., Tomkins, A, Structure and Evolution of Online Social Networks [C]. Proceedings of 12th International Conference on Knowledge Discovery in Data Mining, New York: ACM Press, 2006, 611-617.

[99] Kumar, R.、Novak, P.、Raghavan, S.、Tomkins, A., On the Bursty Evolution of Blogspace [C]. Proceedings of the Twelfth International World Wide Web Conference, Budapest, Hungary, 2003.

[100] Kuo, Y.F., A Study on Service Quality of Virtual Community Websites [J]. Total Quality Management, 2003 (14): 461-473.

[101] Lampe, C., Ellison, N., Steinfeld, C., A Familiar Face(book): Profile Elements As Signals in An Online Social Network [C]. Proceedings of Conference on Human Factors in Computing Systems, New York: ACM Press, 2007, 435-444.

[102] Lampe, C., Ellison, N., Steinfield, C. , A Face(book) in the Crowd: Social Searching vs. Social Browsing [C]. Proceedings of CSCW-2006, New York: ACM Press, 2006, 167-170.

[103] Laumann, E. & Marsden, P., The Analysis of Oppositional Structures in Political Elites: Identifying Collective Actors [J]. American Sociological Review, 1979 (44): 713-732.

[104] Lazar, J., Preece, J., Classification Scheme for Online Communities [C]. Baltimore, MD, Proceedings of the Fourth Americas Conference on Information Systems, 1998, 84-86.

[105] Lee F.S., Vogel D., Limayem M., Virtual Community Informatics: A Review and Research Agenda [J]. JITTA: Journal of Information Technology Theory and Application, 2003, 5 (1): 47-61.

[106] Lee F.S.、Vogel D., Limayem M., Virtual Community Informatics: What We

Know and What We Need to Know [C]. Proceedings of the 35th Hawaii International Conference on System Sciences, New York: IEEE Computer Society Press, 2002.

[107] Leimeister, J.M., Sidiras, P., Krcmar, H., Success Factors of Virtual Communities from the Perspective of Members and Operators: An Empirical Study [C]. Environmental & Resource Economics, Proceedings of the 37th Annual Hawaii International Conference on System Sciences, 2004.

[108] Lenhart, A.、Madden, M., Teens, Privacy, & Online Social Networks. Pew Internet and American Life Project Report [R]. Retrieved from http://www.pewinternet.org/pdfs/PIP_Teens_Privacy_SNS_Report_Final.pdf, 2007.

[109] Lin Nan & Vaughn, W., Social Resources and Strength of Ties: Structural Factors in Occupational Status Attainment [J]. American Sociological Review, 1981（46）: 393-405.

[110] Lin Nan, Social Capital [M], Cambridge University Press, 2001.

[111] Litwin, Howard, Social NetworkType and Health Status in A National Sample of Elderly Israelis [J]. Social Science and Medicine, 1998（46）: 599-609.

[112] Litwin, Howard, The Social Networks of Older People [M]. Praeger Publishers, 1996.

[113] Maclaran, P. and Catterall, M., Researching the Social Web: Marketing Information from Virtual Communities [J]. Marketing Intelligence and Planning, 2002, 2（6）: 319-326.

[114] Madupu V., Online Brand Community Participation: Antecedents and Consequences [D]. The University of Memphis, 2006.

[115] Markovsky, B., J. Skvoretz, D. Willer, M. Lovaglia and J. Erger, The Seeds of Weak Power: An Extension of Network Exchange Theory [J]. American Sociological Review, 1993（58）: 197-209.

[116] Marlow, C., Audience, Structure and Authority in the Weblog Community [C].the International Communication Association Conference New Orleans, LA., 2004.

[117] Maslow, A. H., A Theory of Human Motivation [J]. Psychological Review, 1943 (50): 370-396.

[118] Matei, S., The Impact of State-level Social Capital on the Emergence of Virtual Communities [J]. Journal of Broadcasting and Electronic Media, 2004 (48): 23-40.

[119] McKinney,V., K. Yoon & F. Zahedi, The Measurement of Web-customer Satisfaction: An Expectation and Disconfirmation [J]. Information Systems Research, 2002, 13 (3): 296-315.

[120] McQuail, D., Mass Communication Theory: An Introduction [M]. London: SAGE, 1985.

[121] Merelo-Guervos, J., et al., Mapping Weblog Communities. http://arxiv.org/pdf/cs.NE/0312047 (accessed 16 December 2005), 2004.

[122] Milardo, R. M. , Families and Social Networks: An Overview of Theory and Methodology [M]. Beverly Hills, London: Sage, 1988.

[123] Milgram, Stanley, The Small World Problem [J]. Psychology Today, 1967, 5 (1): 60-67.

[124] Myers, B. L., L. A. Kappelman & V. R. Prybutok, A Comprehensive Model for Assessing the Quality and Productivity of the Information Systems Function: Toward A Theory for Information Systems Assessment [J]. Information Resources Management Journal, 1997, 10 (1): 94-121.

[125] N. Negropont. 数字化生存 [M]. 胡泳等译. 海南：海南出版社，1996.

[126] Nahapiet, J. & Ghoshal, S. Social Capital, Intellectual Capital, and the Organizational Advantage [J]. The Academy of Management Review, 1998, 23 (2): 242-266.

[127] Negash, S., T. Ryan & M. Igbaria，Quality and Effectiveness in Web-based Customer Support System [J]. Information and Management，2003，(40): 757-768.

[128] Nelson, K.M. & Cooprider, J.G. The Contribution of Shared Knowledge to IS Group Performance [J]. MIS Quarterly，1996，21（4）：409-429.

[129] Nie，N.H.，Sociability, Interpersonal Relations, and the Internet: Reconciling Conflicting Findings [J]. American Behavioral Scientist，2001（45）：420-435.

[130] Nyland, R.、Near, C.，Jesus is My Friend: Religiosity As A Mediating Factor in Internet Social Networking Use [C]. AEJMC Midwinter Conference, Reno, NV.，2007.

[131] Peter Ingwerson，The Calculation of Web Impact Factors [J]. Journal of Documentation，1998，54（2）：236-243.

[132] Pitt, L.F., Watson, R.T. and Kavan, C.B., Service Quality: A Measure of Information Systems Effectiveness [J]. MIS Quarterly, 1995（19）：173-187.

[133] Porter，C. E.，A Typology of Virtual Communities：A Multi-disciplinary for Foundation for Future Research [J]. Journal of Computer-Mediated Communication，2004.

[134] Post，J.E.，Moving from Geographic to Virtual Communities: Global Corporate Citizenship in a Dot.com World [J]. Business Review，2000，105（1）：27-46.

[135] Preece, J., Online Communities: Designing Usability, Supporting Sociability [M]. New York: John Wiley & Sons，2000.

[136] Preece, J.，Sociability and Usability in Online Communities: Determining and Measuring Success [J]. Behaviour & Information Technology，2001，20（5）：347-356.

[137] Preece, Jenny and Hadia Abras, Iane Maloney-Krichma. Designing and Evaluation Online Communities: Research Speaks to Emerging Practice [J]. Int. J. Web Based Communities，2004，（1）：2-18.

[138] Putnam, R.D. The Prosperous Community: Social Capital and Public Life [J]. American Prospect, 1993 (13): 35-42.

[139] Rafaeli, S., G. Ravid, V. Soroka, De-lurking in Virtual Communities: A Social Communication Network Approach to Measuring the Effects of Social and Cultural Capital [C]. Proceedings of the 37th Hawaii International Conference on System Sciences, 2004.

[140] Ridings, C.M., Gefen, D. and Arinze B., Some Antecedents and Effects of Trust in Virtual Communities [J]. Journal of Strategic Information Systems, 2002, 11 (3~4): 271-295.

[141] Rindfleisch, A. & Moorman, C., The Acquisiton and Utilization of Information in New Product Alliances: A Strength-of-Ties [J]. Perspective Journal of Marketing, 2001, 65 (2): 1-18.

[142] Robert C Vreeland, Law Libraries in Hyperspace: A Citation Analysis of World Wide Web Sites [J]. Law Library Journal,2000, 92 (1): 9-25.

[143] Romm, C., N. Pliskin & R. Clarke, Virtual Communities and Society: Toward An Integrative Three Phase Model [J]. International Journal of Information Management, 1997, 17 (4): 261-270.

[144] Rothaermel, F. and Sugiyama, S., Virtual Internet Communities and Commercial Success: Individual and Community-Level Theories Grounded in the Atypical Case of TimeZone.com [J]. Journal of Management, 2001, 27 (3): 297-312.

[145] Saeed K.A., Y. Hwang & M. Y. Yi. Toward and Integrative Framework for Online Consumer Behavior Research: A Meta-analysis Approach [J]. Journal of End User Computing, 2003, 15 (4): 1-26.

[146] Schenkel, A.R. Teigland, et al, Theorizing Communities of Practice: A Social Network Approach [J]. Academy of Management: Organization and Management Theory Division, 2000.

[147] Schraefel, M C, Ho, J, Chignel, M and Milton, M Building Virtual

Communities for Research Collaboration [C]. In Proc. AIWoRC'00: An International Working Conference and Industrial Expo on new Advances and Emerging Trends in Next Generation Enterprises，2000，27-34.

[148] Seddon, P.B., A Respecification and Extension of the DeLone and McLean Model of IS Success [J]. Information Systems Research, 1997（8）：240-253.

[149] Severin ，Werner J. and Tankard，James W.，Communication Theories: Origins, Methods, and Uses in the Mass Media [M]，Longman Publication，1997.

[150] Shivaram Rajgopal, Suresh Kotha, Mohan Venkatachalam. The Relevance of Web Traffic for Stock Prices of Internet Firms [R]. Working paper, University of Washington and Stanford University, 2000.

[151] Shneiderman，B.，Leonardo's Laptop: Human Needs and The New Computing Technologies [M]. London: The MIT Press，2002.

[152] Skog, D.，Social Interaction in Virtual Communities: The Significance of Technology [J]. International Journal of Web Based Communities, 2005，1（4）：464–474.

[153] Smith, M. A. and P. Kollock, Eds. Communities in Cyberspace[M]. London, Routledge，1999.

[154] Spears, R., & Lea, M.，Panacea or Panopticon? The Hidden Power in Computer-mediated Communication [J]. Communication Research, 1994，21(4)：427-459.

[155] Spertus, E.，Sahami, M.，Buyukkokten, O.，Evaluating Similarity Measures: A Large-scale Study in the Orkut Social Network [C]. Proceedings of 11th International Conference on Knowledge Discovery in Data Mining，New York: ACM Press，2005，678-684.

[156] Stanley Wasserman, Katherine Faust，Social Network Analysis: Methods and Applications [M]. Cambridge University Press, 1994.

[157] Steinmueller，W.，Virtual Communities and the New Economy [M]. Inside

the Communication Revolution: Evolving Patterns of Social and Technical Interaction，Oxford：Oxford University Press，1995.

[158] Stephens, M.，Social, Networking Services[R]. Library Technology Reports, 2007 (9).

[159] Stoker D & Cooke，A Evaluation of Networked Information Sources. http: // omni. ac. uk/ agec/ essen. html，2004-6-30.

[160] Sumeet Gupta ，Hee-Woong Kim ，Virtual Community: Concepts, Implications, and Future Research Directions [C]. New York：Proceedings of the Tenth Americas Conference on Information Systems，2004.

[161] Sunil Gupta，Donald R Lehmann，Jennifer Ames Stuart，Valuing Customers [J]. Journal of Marketing Research，2004，February，7-18.

[162] Susan C. Herring, John C. Paolillo, Irene Ramos-Vielba, Inna Kouper, Elijah Wright, Sharon Stoerger, Lois Ann Scheidt, Benjamin Clark. Language Networks on LiveJournal [C]. Proceedings of the 40th Hawaii International Conference on System Sciences, 2007.

[163] Susan C. Herring，Inna Kouper，John C. Paolillo，Lois Ann Scheidt，Michael Tyworth，Peter Welsch，Elijah Wright，Ning Yu，Conversations in the Blogosphere: An Analysis "From the Bottom Up" [C]. Proceedings of the 38th Hawaii International Conference on System Sciences，2005.

[164] Swanson，David L.，Gratification Seeking，Media Exposure，and Audience Interpretations: Some Directions for Research [J]. Journal of Broadcasting & Electronic Media，1987，31（3）：237-254.

[165] Tajfel H. Differentiation Between Social Groups: Studies in the Social Psychology of Intergroup Relations，London：Academic Press，1978.

[166] Tajfel H.，Turner J C，The Social Identity Theory of Intergroup Behavior [M]. In：Worchel S，Austin W(eds). Psychology of Intergroup Relations. Nelson Hall，1986.

[167] Teigland, R.，Knowledge Networking: Structure and Performance in

Networks of Practice [J]. Institute of International Business. Stockholm, Stockholm School of Economics，2003.

[168] The Wall Street Journal，Buying the Buyers: The Goal These Days Seems to Be to Attract Customers, Whatever They Cost You [N]. 1999， November 22，B1.

[169] Tichy ， N. Networks in Organizations [M]. In P. C. Nystrom and W. H. Starbuck（Eds）. Handbook of Organizational Design，London：Oxford University Press，1980,2.

[170] Timmers，P.，Business Models for Electronic Markets [J]. EM-Electronic Markets，1998（8）：3-8.

[171] Trueman, Brett, M. H.，Franco Wong，and Xiao-Jun Zhang，The Eyeballs Have It: Searching for the Value in Internet Stocks [J]. Review of Accounting Studies，2000，137-162.

[172] Turner, J.C.，Social Categorization and the Self-concept: A Social Cognitive Theory of Group Behaviour [M]. In E.J. Lawler (Ed.), Advances in Group Processes，Greenwich, CT: JAI Press，1985（2）：77-122.

[173] Tyler, J. R. et. al.，E-Mail as Spectroscopy: Automated Discovery of Community Structure within Organizations [J].The Information Society, 2005, 21（2）：143-153.

[174] V. McKinney, K. Yoon, and F. Zahedi. The Measurement of Web-customer Satisfaction: An Expectation and Disconfirmation Approach [J]. Information Systems Research, 2002（13）：296-315.

[175] Wachyer, R.M., Gupta, J.N.D. and Quaddus, M.A., IT Takes A Village: Virtual Communities in Support of Education [J]. International Journal of Information Management, 2000（20）：473-489.

[176] Wang，Y.，Yu，Q. and Fesenmaier，D.R.，Defining the Virtual Tourist Community：Implications for Tourism Marketing [J]. Tourism Management，2002，23（4）：407-417.

[177] Wang， Youcheng & Daniel R. Fesenmaier， Towards Understanding Member's General Participation in and Active Contribution to An Online Community [J]. Tourism Management，2004（25）：709-722.

[178] Wasserman， S.,& Faust， K. Social Network Analysis： Methods and Applications [M]. Cambridge，UK：Cambridge University Press，1994.

[179] Weiser,E.B.， The Functions of Internet Use and Their Social and Psychological Consequences [J]. Cyberpsychology & Behavior，2001，4(6)：723-743.

[180] Wellman B. & Kenneth Frank，Network Capital in A Multi-level World: Getting Support from Personal Communities [M]. in Nan Lin（Ed.）Social Capital：Theory and Research，Download from Wellman's homepage，2001.

[181] Wellman B., An Electronic Group Is Virtually A Social Network [M]. in Sara Kiesler, ed., Culture of the Internet，Hillsdale，NJ：Lawrence Erlbaum，1997.

[182] Wellman Barry， From Little Boxes to Loosely-Bounded Networks: The Privatization and Domestication of Community [M].in Janet Abu-Lughod, ed. Sociology for the Twenty-First Century: Continuities and Cutting EDGES. University of Chicago Press， 1999， 94-114.

[183] Wellman, B. and C. Haythornthwaite, Eds. The Internet in Everyday Life [M]. Oxford, Blackwell，2002.

[184] Wellman，B. Structural Analysis: From Method and Metaphor to Theory and Substance [M]， Social Structures: A Network Approach， Cambridge University Press，1988.

[185] Wellman，B.，Gulia，M.，Net Surfers Don't Ride Alone [J].，Communities in Cyberspace，New York，1999（22）：167-194.

[186] Wellman，B.，J. Salaff，et al.， Computer Networks As Social Networks: Collaborative Work, Telework, and Virtual Community [J]. Annual Review of Sociology，1996（22）：213-238.

[187] Wellman，Barry，Different Strokes from Different Folks: Community Ties

and Social Support [J]. American Journal of Sociology, 1990a, 96, p558-588.

[188] Wellman，Barry，Men in Networks [M]. in Peter Nardi. (Ed.)，Men's Friendships, Newbury Park，CA: Sage，1992，74-114.

[189] Wellman, Barry, The Place of Kinfolk in Personal Community Networks [J]. Marriage and Family Review，1990，b（15）：195-228.

[190] White，H. C.，Where Do Markets Come From? [J]. American Journal of Sociology，1981（87）：517-547.

[191] Wilkinson General，Consolidated Listing of Evaluation Criteria and Quality Indicators. http :// itechl. coe. uga. edu/ faculty/gwilkinson/ webeval. html ,2004. 8. 13.

[192] Wilkinson，Bennett.，Olive，http :/ / www2. hawaii. edu/ - nguym/ web. / 2004.7.14.

[193] Williams, R L, and Cothrel J，Four Smart Ways to Run Online Communities [J]. Sloan Management Review，2000（9）：81-91.

[194] Woolcock，M. Microenterprise and Social Capital: A Framework for Theory, Research, and Policy [J]. The Journal of Socio-Economics，2001（30）：193-198.

[195] 布朗著．原始社会的结构与功能 [M]．潘蛟等译．北京：中央民族大学出版社，1999.

[196] 蔡宁，黎常．知识分享及其研究理论基础 [J]．情报科学，2007，25（1）：30-41.

[197] 柴晋颖，王飞绒．虚拟社区研究现状及展望[J]．情报杂志，2007，（5）：101-103.

[198] 陈松劲．网络公司价值评估 [D]．厦门大学，2002.

[199] 陈向东，方群，唐辉云．Blog 虚拟学习社区的社会网络研究 [J]．电化教育研究，2008（1）：40-44，58.

[200] 董小英．网络环境下信息资源的管理与信息服务 [J]．北京：中国对外翻译出版公司，2000，75-81.

[201] 方琬丽. 城市可持续社区发展模式与评价指标研究 [C].北京大学校长基金论文集，2003.

[202] 方文. 欧洲社会心理学的成长历程 [J] . 心理学报, 2002, 34(6): 651-655.

[203] 甘丹. 博客世界交流模式的社会网络分析——以新浪博客为例 [D]. 山东大学，2007.

[204] 郭蕾. 网络企业的价值评估研究 [D]. 北京邮电大学，2006.

[205] 郭志刚. 社会统计分析方法——SPSS 软件应用 [M]. 北京：中国人民大学出版社，1999.

[206] 何滨. 网络价值之市场分析[EB/ OL] . http:/ /www.online2ma.com. cn，2001201209.

[207] 侯杰泰, 温忠麟, 成子娟. 结构方程模型及应用[M] . 北京：教育科学出版社，2004.

[208] 黄江红，徐文学. 基于注意力经济的网络公司价值评估 [J]. 科技管理研究，2006（12）：180-183.

[209] 黄奇，郭晓苗. Internet 上网站资源的评价 [J].情报科学，2000（4）：350-354.

[210] 黄少华. 虚拟穆斯林社区的社会网络 [J]. 兰州大学学报（社会科学版），2008，1（36）：60-68.

[211] 蒋颖. 因特网学术资源评价：标准和方法 [J].图书情报工作，1998，11.

[212] 金越. 网络信息资源的评价指标研究 [J]. 情报杂志，2004（1）：65-66.

[213] 勒维斯. 非摩擦经济 [M]. 卞正东译. 南京：江苏人民出版社，1999.

[214] 李爱国. Internet 信息资源的评价 [J]. 东南大学学报（哲学社会科学版），2002（3）：24-26.

[215] 李建良. 网络股价值评估 [J]. 证券市场导报，1999（9）：39-46.

[216] 李宁宁，王爱娟. 网络社会的社会资本及其运作 [J]. 学海，2006（6）：21-124.

[217] 梁海燕，黄艳娟. 基于 Blog 的企业知识共享的探讨 [J]. 情报探索，2005（1）：67，77，87.

[218] 林南. 社会资本：争鸣的范式和实证的检验 [J]. 香港社会学学报，2001（2）：1-38.

[219] 刘军. 法村社会支持网络——一个整体研究的视角 [M]. 北京：社会科学文献出版社，2006.

[220] 刘龙. 关于网络经济中虚拟社区与品牌塑造的研究[J].经济问题探索，2002（9）：118-120.

[221] 陆宝益. 网络信息资源的评价 [J]. 情报学报，2002（1）：71-76.

[222] 马广奇. 网络经济的运行模式与竞争策略 [J]，经济前沿，2004（8）：44-47.

[223] 马汀·奇达夫，蔡文彬. 社会网络与组织 [M]. 王凤彬、朱超威等译，北京，中国人民大学出版社，2007

[224] 梅梅. 虚拟社区权力的结构与特征 [J]. 学术交流，2008（8）：129-132.

[225]（美）克兰. 无形学院——知识在科学共同体的扩散[M]. 刘君君等译. 北京：华夏出版社，1988.

[226] 齐心. 走向有限社区——对一个城市居住小区的社会网络分析 [M]. 北京：首都师范大学出版社，2007.

[227] 乔纳森·特纳. 社会学理论的结构[M]. 邱泽奇等译. 北京：华夏出版社，2001.

[228] 邱燕燕. 基于层次分析法的网络信息资源评价 [J]. 情报科学，2001（6）：599-602

[229] 沈洁. 网络企业——新经济形式下的价值评定 [J]. 中央财经大学学报，2001（1）：44-47.

[230] 帅青红. 基于客户的互联网企业价值评估的实证研究[J]. 网络安全技术与应用，2005（4）：34-37.

[231] 苏广利. 因特网信息资源评价研究 [J]. 情报资料工作，2001（6）：27-28.

[232] 孙瑾. 网络信息资源评价研究综述 [J]. 大学图书馆学报，2005(1): 7-13.

[233] 孙居好. 社区成员视角的虚拟社区评价指标体系研究 [D]，2005.

[234] 孙兰，李刚. 试论网络信息资源评价 [J]. 图书馆建设，1999(4): 66-68.

[235] 托马斯·达文波特，约翰·贝克. 注意力经济 [M] 谢波峰等译. 北京：中信出版社，2004.

[236] 王韬，敬卿. 网络信息资源的评价 [J]. 中国信息导报，2003（9）: 34.

[237] 王巍，吕发钦. 网络价值评估与上市 [M]. 北京：经济科学出版社，2000.

[238] 吴齐殷. 真实社区与虚拟社区——交融、对立或互蚀. http://mbbs.techcn.com.cn/277059/html.

[239] 向海华. 电子商务环境中虚拟社区的知识共享活动 [J]. 情报杂志，2004，(7): 75-76.

[240] 项国雄，胡健. 传统的悖反与回归——虚拟社区内传播行为浅析 [J]. 徐州工程学院学报，2005（2）: 15-18.

[241] 徐小龙，王方华. 虚拟社区研究前沿探析 [J]. 外国经济与管理，2007，(29): 10-16.

[242] 徐小龙，王方华. 虚拟社区知识共享机制研究 [J] . 自然辩证法，2007，23（8）: 83-86.

[243] 叶新东，邱峰，沈敏勇. 教育技术博客的社会网络分析 [J].现代教育技术，2008，18（5）: 48-53.

[244] 叶勇助，罗家德. 中国人的信任游戏 [M]. 北京：社会科学文献出版社，2007.

[245] 易徽. 网络虚拟社区的文化特色及其影响[J]. 西安政治学院学报，2002（1）: 23.

[246] 张文宏. 社会资本:理论争辩与经验研究 [J]. 社会学研究，2003(4): 27.

[247] 张咏. 网络信息资源评价方法 [J].图书情报工作，2002（10）: 41-47.

[248] 章文波，陈红艳. 实用数据统计分析及 SPSS12.0 应用 [M]，北京：人民邮电出版社，2006.

[249] 赵茂磊. 非交易类虚拟社区的成员参与动机研究 [D]. 2005.

[250] 中国互联网络信息中心. 第 23 次中国互联网发展状况统计报告 [R]. http://www.cnnic.net.cn/index/0E/00/11/index.htm，2009. 1.

[251] 周金泉. 网络公司价值评估的理论模式 [J]. 江苏社会科学（教育文化版），2006，187-192.

[252] 周明侠，李文格. S 曲线、数字鸿沟及互联网在中国学生中的扩散 [J]. 求索，2004（2）：173-176.

[253] 周涛. Wiki 社群的社会网络分析 [D]. 华东师范大学，2005.

[254] 周雪光. 组织社会学十讲 [M]，社会科学文献出版社，2003.

附录 A

网络社区调查问卷

首先对您百忙之中填写本问卷表示感谢！本问卷旨在研究互联网用户参与互联网社区的情况，您的填写将对此研究有很大的贡献。本次调查纯粹用于学术研究，答案没有对错之分，且为匿名作答，请根据您的真实情况和感受回答。非常感谢您的支持。

网络社区是指在互联网上为网友提供的一个情感交流、信息交流从而发展人际关系的虚拟场所，网友可以在上面建立自己的“家”，书写自己的心情，上传照片，与好友之间进行留言，把个人的资料放上去，建立自己的社会关系网络，拓展自己的人际关系。

参与调查问卷的用户必须是在虚拟社区内建立了自己的“家”。

您的基本情况。

A1　您的性别：A. 男　　B. 女

A2　您的年龄：

A. 18 岁以下　　B. 18～24 岁　　C. 25～30 岁

D. 31～40 岁　　E. 40 岁以上

A3　您的学历：A. 初中及以下　　B. 高中（中专）　　C. 大专

D. 本科　　E. 硕士及以上

A4　您的职业：

A. 学生　　B. 自由职业　　C. 无业

D. 单位高级管理者

E. 单位白领、专业技术人员（一般职员、中低层管理者、教师、律师、医护人员）

A5　您的收入：

A. 500 元及以下　　B. 501～1000 元　　C. 1001～3000 元

D. 3001～5000 元　　E. 5000 元以上

A6　您最经常去的社区是哪一种________。（单选）

A. 基于虚拟关系的：您在虚拟社区的“家”里的好友都是在现实世界中不认识的

B. 基于现实关系的：您在虚拟社区的“家”里的好友都是在现实世界中认识的

以下问题请根据您在A6中选择的那个您最经常去的社区来回答。

A7　您加入该社区有多长时间：　　　　　　年

A8　您每周平均花费多长时间在该社区上？

A. <5 小时　　B. 5～15 小时　　C. 15～30 小时

D. 30～40 小时　　E. >40 小时

填写说明：

请根据您在 A6 中选择的那个最经常去的社区（以下用“该社区”来表示），

就自己的真实感受和实际情况回答以下所有的问题，其中“5”代表“非常同意”，“1”代表非常不同意。请您根据自己对问题的第一反应去回答，而不要在一个问题上花费过多的时间去思考。

题号	选项	非常不同意	不同意	中立	同意	非常同意
		1	2	3	4	5
B1	我与该社区网站的沟通渠道是畅通的					
B2	该社区的操作容易					

续表

题号	选项	非常不同意	不同意	中立	同意	非常同意
B3	该社区的导航性比较好，很容易找到我想浏览的内容					
B4	该社区的系统能帮助成员之间进行互动、加深了解					
B5	该社区能帮助我迅速扩大交友圈，如能提供推荐好友加入功能					
B6	该社区网站不会滥发电子邮件广告					
B7	该社区网站能够防止成员的资料外泄					
B8	该社区网站能够持续提供一些个人应用（如相册、壁纸、小游戏等）并及时告知用户					
B9	该社区网站能正常运作					
B10	该社区网站重视用户的个人体验					
	假如：在未来两周的某一时间，你在该社区的朋友圈里的成员要一起进行一次在线讨论。请据此回答以下两个问题					
B11	我会按照约定时间参与讨论					
B12	我预计其他成员有很大一部分会按照约定时间参与讨论					
B13	精通操作该社区很容易					
B14	我对该社区网站感到很满意					
B15	我对该社区有强烈的归属感					
B16	我期望与该社区的成员进行交流与互动的欲望非常强烈					
B17	我可以在该社区尽情地玩耍					
B18	我期望与该社区的成员进行交流与互动					
B19	我认为自己的身份与该社区的特征是相匹配的					
B20	我认为我与该社区有比较强的情感联系					
B21	在该社区，我感到自己很重要					
B22	我认为自己的身份与社区中其他成员的身份是类似的					
B23	我认为自己是该社区内一名有价值的成员					
B24	我无聊的时候，可以在该社区消磨时间					
B25	我希望为社区中的其他成员提供信息或资料					
B26	用该社区提供的功能做我想做的事情很容易					

续表

题号	选项	非常不同意	不同意	中立	同意	非常同意
B27	与社区中的其他成员的交流有助于我做出某些决定					
B28	在该社区，通过与其他成员的交流，我能够产生一些想法或主意					
B29	在该社区，我过得很愉快					
B30	我认为自己是该社区内一名重要的成员					
B31	在该社区，通过与其他成员的交流与互动，我更加了解其他成员的情况					
B32	我对参与该社区感到很愉快					
B33	我愿意为社区提供信息或资料					
B34	在该社区，通过与其他成员的交流与互动，我更加了解自己					
B35	在该社区，我可以获取有用的信息或资料					
B36	在该社区，我可以交到志趣相投的朋友					
B37	在该社区，我可以排遣孤独或寂寞					
B38	在该社区，我可以完全放松自己					
B39	在该社区，我能够得到其他人的帮助从而解决问题					
B40	在该社区，我能够获得来自其他成员的支持和鼓励					
B41	在该社区，我能够就某些事情与社区成员进行协商					
B42	在该社区，我能够维持已经形成的关系					
B43	在该社区，我能够学会做一些事情					
B44	在该社区，我能够遇到与自己有共同之处的人					
B45	在该社区，我能够找到人帮助我做些事情					
B46	在该社区，我认为我给其他成员留下了很深的印象					
B47	在社区成员使用该网站遇到困难时，能够得到网站的及时帮助					
B48	总体而言，我对来自该社区的信息的质量给予很高的评价					
B49	我根本就不知道该社区					

问卷到此结束，谢谢您的积极参与！